国学撷要 卷二

史

前言

所谓青史，从青青竿竹记起。

中国人爱竹。食无肉不为君子所忧虑，居无竹则令贤者心生遗憾。高标俊杰、直正不阿的竹韵竹质，是中国人向往和崇拜的精神。

浩如烟海的华夏历史，曾经，被一字一句写在薄薄的竹片之上，历经传承。那些读来令人血脉贲张的传奇伴随着时光的积淀，于史海中静静等待。有一天，后来者『哗』地一声将其展开，于是，人们惊喜地看见，竹木简书之上浮凸出的那些缔造了中华文明和这个民族的精神与心灵史的古代英雄贤达，缓缓走来，浩荡不绝。他们的足迹成为中国历史以壮烈和壮观发展至今的、不可磨灭的印记，稳健，深沉。他们是历史深处的精英，他们担负道义的铁肩，他们格物致知的智慧和他们辛勤耕耘的双手，形成推动中国社会勇往直前的巨力，托举起这个越来越为世界所瞩目的伟大民族，让她深邃厚重的人文精神、包容博大的灵魂气质成为人类至德、至善、至美的代表。

梳理中华民族精神文明发展与继承的历史，犹如瞻仰和膜拜一座由历代豪杰组成的万神殿，他们和他们彰显的民族大义与热血传奇照亮了历史长河的两岸，让五千余年的青史如中华大地上的青山般巍峨屹立，与世长存。

历史的主体是人，世界上最灿烂的光辉常常源自人性中的美好和与这些美好相关的故事。阅读中国历史上一个个优秀人物生命中精彩的起承转合，犹如与他们亲近，与人生的至大之道亲近。而将一个个精英故事中的他们放入中国历史浩瀚的时空中，犹如令人的亲朋好友、多年故旧、兄弟姐妹，他们以身卫义、为民请命、精忠报国、披肝沥胆的血性与豪情，正因亲近而格外真实动人。他们延续和传递华夏一族的血脉，展示着散播中华文明的灵光与风采，彪炳着中国的尊严。

时间的河流滚滚而去。在早已告别了结绳记事和甲骨竹简的今天，历朝历代数不胜数的英雄仍是历史的主角和民族精神的楷模。他们犹如最亮的启明星，把历史画卷上浓墨重彩的每一笔都演绎到淋漓尽致，把史林这座『百家争鸣』的舞台装饰到唯美异常。

感谢历史，让后人有根可寻。

目录

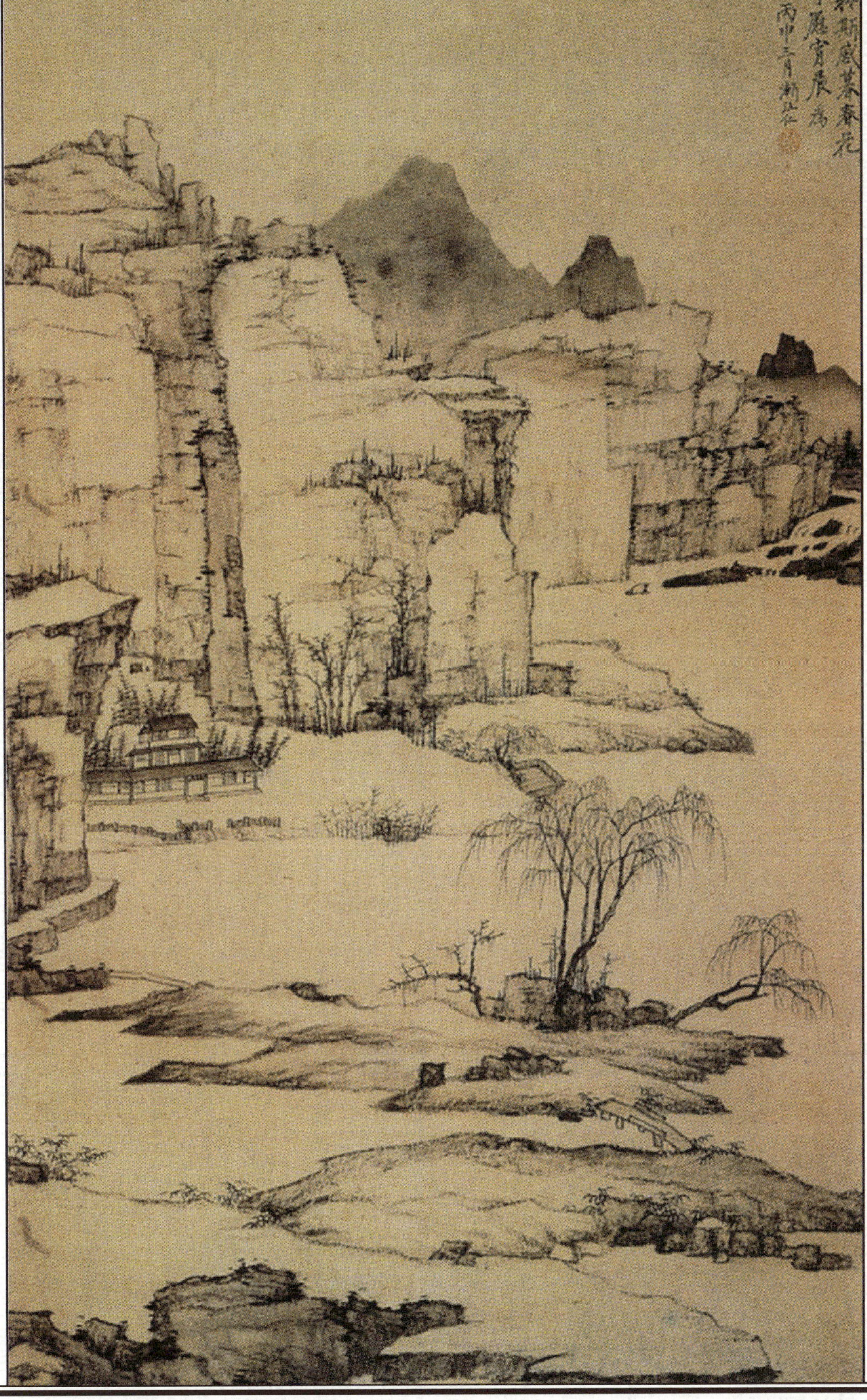

章节·叁

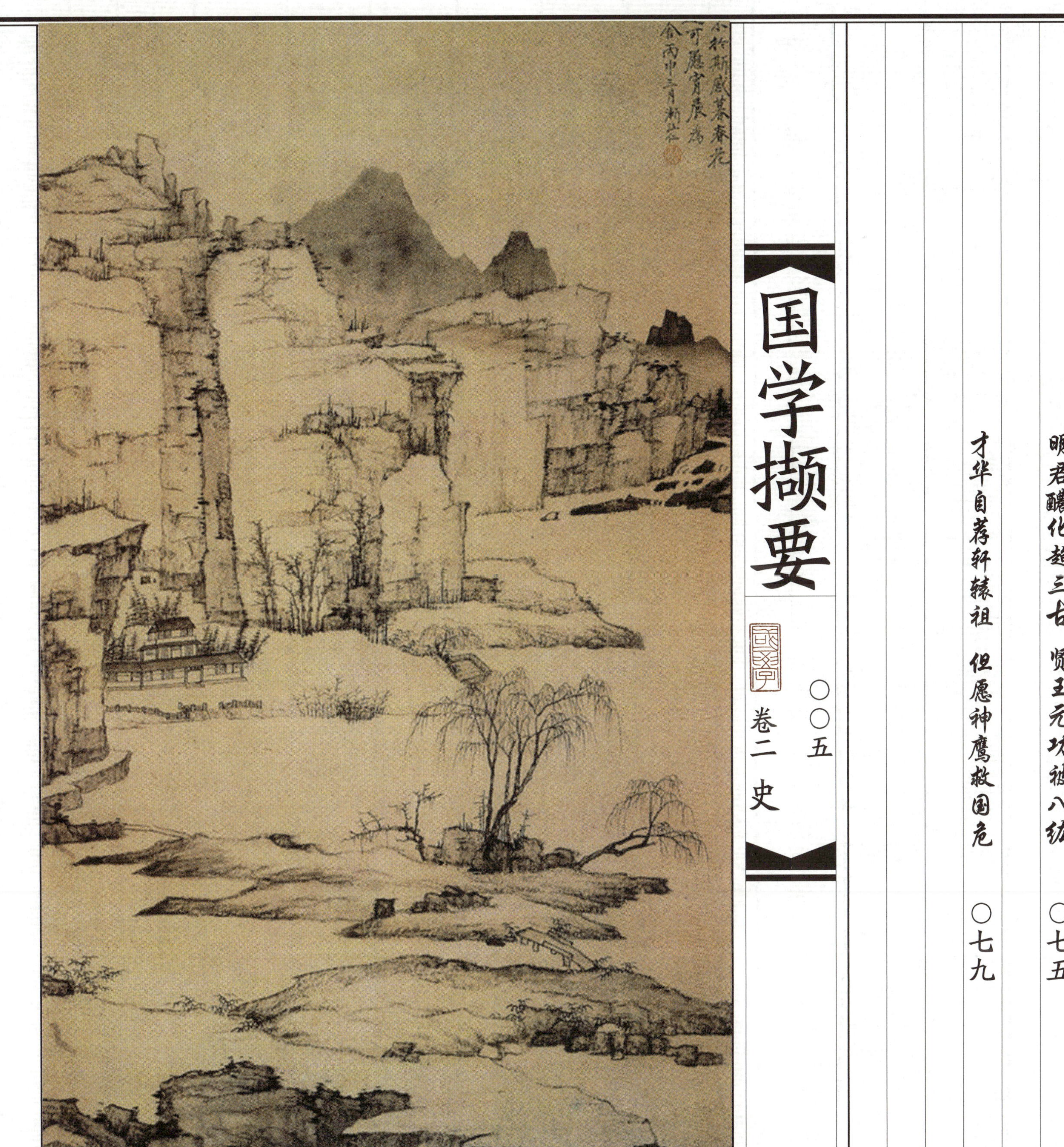

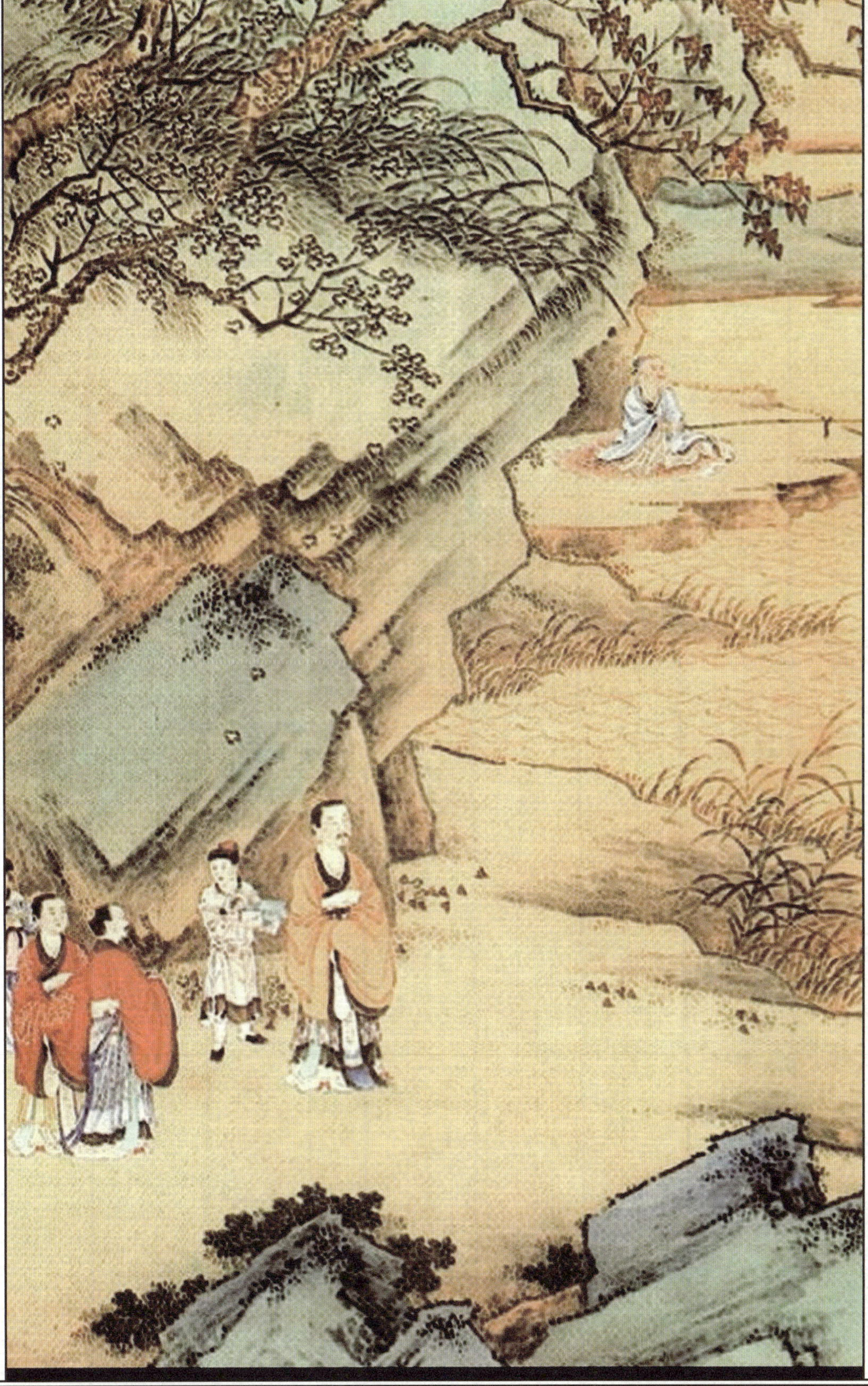

章节·壹

民族大义

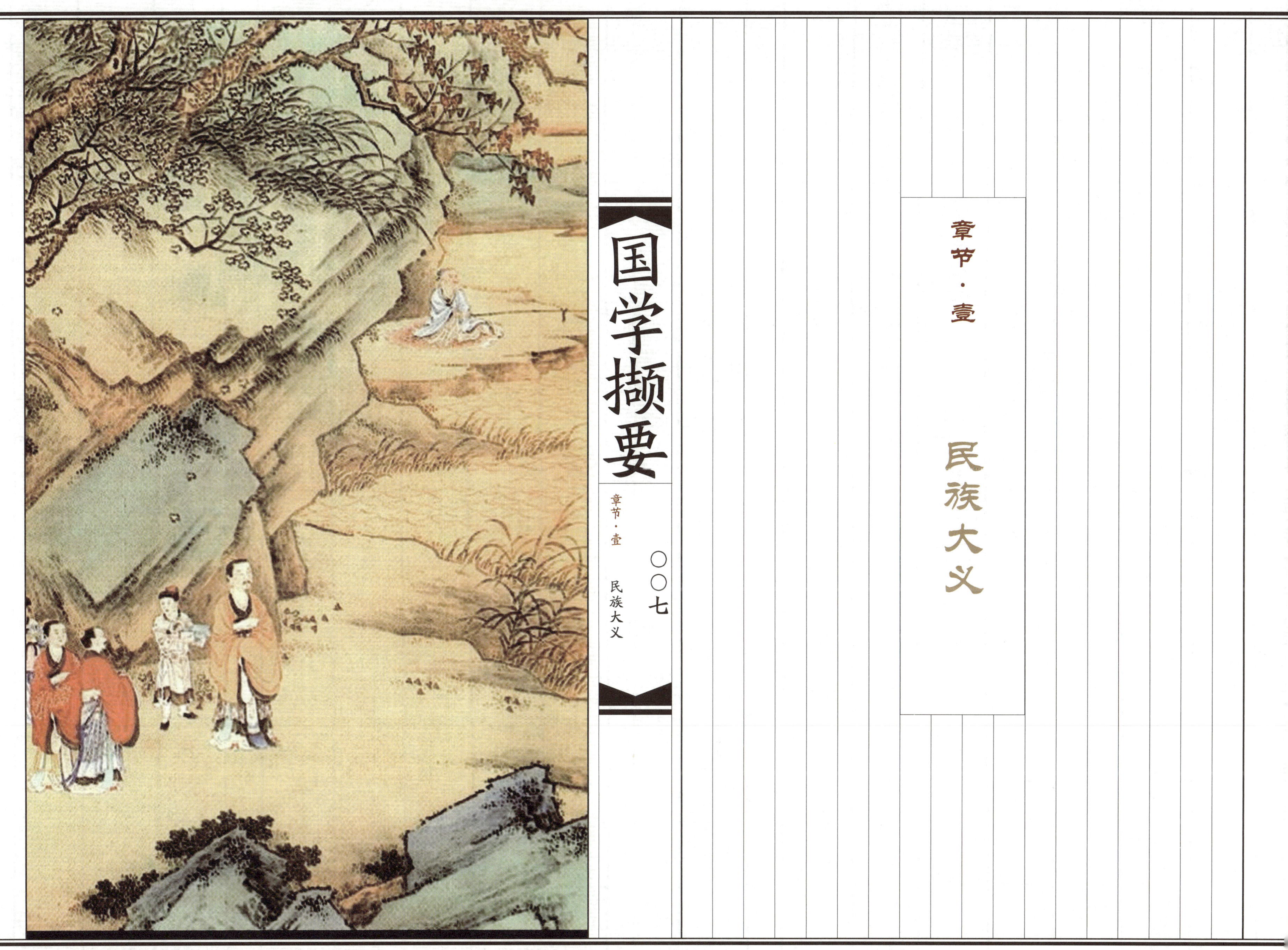

中华民族的治世智慧是中华文明的一首决绝诗。早在十八世纪，法国启蒙思想家伏尔泰曾说，中国『是世界上最古老的民族，它在伦理道德和治国理政方面，堪称首屈一指』。二十世纪长期担任美国政府高级职务的哈林·克里夫兰也认为：『诸多有关管理和领导的要旨很久以前已为人称道，而且大部分已有中文记载。』

在古代中国，成功的帝王不仅是凭借一己的超凡智慧才能登上历史的舞台，成为历史和时代的主宰者，更是深知『得人才者得天下』的道理。建元立业之后，他们往往汲取能臣的智慧并依靠其力量来管理国家和万世基业。与此同时，那些梦想发挥自己才能建功立业的有识之士，也在时代的呼唤下纷纷走出蛰居，凭借其敏锐的政治嗅觉、欲实现梦想的热情和出相入世的动力而汇集在王者的麾下，相佐而成帝业。贤臣良相是民族长期涵养的体现，不同于消极避世的市野隐士，亦不同于只会苦读圣贤书的腐儒；他们足智多谋，纵横捭阖，处于风云变幻的乱世却能游刃有余；他们积极入世，怀有济世之志，入则为相，出则为民，终成睿智、华贵的历史智者。

汉武帝刘彻知人善任，改革西汉的政治、经济、军事，使西汉王朝发展到了新的巅峰；雄才伟略的盛世君主唐太宗李世民求贤若渴，从谏如流的美好品质更为古今盛赞；一代天骄成吉思汗也求贤辅政，留用亡辽皇室后裔耶律楚材，稳固了蒙古政权的根基；中华谋士之祖姜尚，得到周文王的慧眼识珠，从而得以发挥其重要才能，最终成就了有周一代八百多年的基业；千古贤相诸葛亮为匡扶蜀汉政权，南征北伐，呕心沥血，鞠躬尽瘁，成为后世家喻户晓的忠臣之楷模；明朝第一首辅张居正，在临危中受命，改革冗繁制度，行一条鞭法，挽狂澜于既倒，人称『救时宰相』。浩如烟海的中国历史，绝不是倾尽几个朝代、几个人物就能讲完的。在历史舞台上尽情发挥自己才能、展现个人魅力的优秀历史人物也犹如漫天繁星，难以计数。

身处列国并峙、互相征战不休的春秋战国时代，大政治家管仲辅佐齐桓公创立霸业，使齐国慢慢强大，逐渐成了各国的霸主；秦王嬴政并六国而有天下，结束了春秋战国以来五百多年的兵连祸结、战火纷飞的时局，终成千古第一帝；『中国十一世纪的改革家』王安石，在任北宋的宰相时，推行改革虽失败，然其所施之事功，适应于时代之要求而救其弊，其良法美意，往往传诸之日莫之能废；中国古代的传奇人物、明朝开国元勋刘基，辅佐朱元璋完成帝业、开创明朝并尽力保持国家的安定，因而驰名天下，被后人比作诸葛武侯；清圣祖康熙皇帝是中国历史上在位时间最长的皇帝，他勤俭志恭，南北征伐，是中国统一的多民族国家的捍卫者，奠定了清朝兴盛的根基，开创出康乾盛世的大局面……

人们总愿意把历史比作一面镜子，认为『以史为鉴』就能看清社会百态。其实历史更像一个舞台，在这个舞台上，生旦净末丑，每一个人都在扮演着不同的角色。然而，从历史的『脉岩』上看，贤君能臣伊然是历史舞台上一对不可或缺的主角。他们或雄才大略，开元建国，引领着中国历史发展的潮流；或文治武功，治国安邦，维护着中华民族的民族大义之趋向，历史的舞台终因他们而异彩纷呈。

一曲清江白发翁　直钩闲钓碧水中

陕西省宝鸡市陈仓区磻溪镇历史文化积淀深厚，史料记载，周文王访贤、姜子牙垂钓的传说就发生在这里。姜子牙，又称姜太公，他与周王朝有着密不可分的联系。尤其是姜太公钓鱼愿者上钩的故事，流传数千年经久不衰，可以说是妇孺皆知。

周文王手下虽然有了不少文臣武将，可是还缺少一个文武全才、能够统筹全局的人，帮他筹划灭商大计，治理好国家，以便寻找机会，报仇雪耻。因此，他经常留心寻访这样的大贤人。有一次，周文王外出打猎，在渭水的支流磻溪（今陈仓区磻溪镇）边上遇见了一位钓鱼的老人。老人须发斑白，看上去有七八十岁了。奇怪的是他一边钓鱼，一边嘴里不断地唠叨：『快上钩呀上钩！愿意上钩的快来上钩！』再一细看，老人钓鱼的鱼钩离水面有三尺高，并且是直的，不是弯的，上面也没有钓饵。文王看了很纳闷，就过去和老人攀谈起来。这老人姓姜名尚，又名子牙，是远古时代炎帝的后代。他曾在商朝的首都朝歌（今河南省汤阴县）宰过牛，在黄河边上的孟津卖过酒。因不会做买卖，亏了本，所以到渭水边上来钓鱼了。其实，他是在等待贤明的君主来寻访他。

周文王在和姜尚的谈话中，发现姜尚是一个眼光远大、学问渊博的人。他上通天文，下知地理，对政治、军事各方面都很有研究，特别是对于当时的政治形势，分析得头头是道。他认为商朝的天下不会很长久了，应当有贤明的领袖出来推翻它，建立一个新的朝廷，让老百姓能过上舒服的日子。姜尚的话句句都说到了文王的心里。他本来就是为了想要推翻商朝，到处去寻找贤者，这眼前的姜尚，不就是自己要寻访的大贤人吗？文王恳切地对姜尚说：『我们盼望您很久了，请您到我们那里去，帮助我们治理国家吧！』说完就叫手下人赶过车子来邀请姜尚和自己一同上车。

姜尚到了文王那里，先被立为国师，也就是最大的武官；后来升为国相，总管全国政治和军事。周文王的父亲太公季历在位的时候，就向往着姜尚这样的大贤人了，所以人们尊称姜尚为『太公望』。后来人们干脆把『太公望』的『望』省略掉，把姜尚叫做姜太公。姜太公果然是栋梁之才，他做了周文王的国相，帮助周文王整顿政治和军事，对内发展生产，让人民安居乐业；对外征服各部族，开拓疆土，削弱商朝的力量。周文王在姜尚的辅佐下，先后打败了犬戎、密须得部族，征服了嗜、阎等小国，并且吞并了从属于商朝的崇国，在崇国的地盘上营建了一个丰城，把都城从岐山南边的周原迁到了丰城。到周文王晚年的时候，周的疆土大大扩充，西边收复了周祖的老家，即现在陕西、甘肃一带地方，东北进展到现在山西的黎城附近，东边到达现在河南沁阳一带，逼近了殷纣王的都城朝歌，南边把势力扩充到了长江、汉水、汝水流域。据说周文王已经控制了当时天下的三分之二，为灭商奠定了可靠的基础。

『十步之间，必有芳草；十室之邑，必出俊士。』世界上不是没有千里马，缺少的是识得千里马的伯乐；不是没有人才，缺少的是发现人才的慧眼。汉武帝刘彻（公元前一五六年—前八十七年）就是这样一个会用人的『伯乐』，他用人能不拘一格，不论出身，所以在他身边才聚集了一大批人才，以至史有『汉之得人，于兹为盛』的美誉。朱买臣、主父偃、司马相如都曾穷困潦倒，一旦以所学示汉武帝，立即量才叙用。英雄不问出身，只要有才干，汉武帝即收用之，显示了他唯才是举的胸怀。其中『卜式拔于刍牧，弘羊擢于贾竖，卫青奋于奴仆，日磾出于降虏』，无疑是汉武帝最得意之笔。

卜式是个很忠厚的老实人，以放羊起家。他有个弟弟，在他弟弟长大成家之后，他很大方地把田地房屋财产都给了弟弟，自己只分得一百多只羊，入山放牧。卜式是个养羊的专家。过了十多年，在他的精心饲养之下，这百多只羊发展到了一千多只，他又自己买了田地房屋。而他弟弟却不善营生，家产荡尽，卜式又一次次地把家产分给他。当时汉武帝征伐匈奴，卜式怀着『有钱出钱、有力出力』的朴素感情，上书武帝，愿输家财助边，为国分忧。汉武帝赶忙派使者接见他，并且热情地问他有什么需要，尽管说来。但卜式太老实了，他认为捐款助军国讨伐匈奴是国家的事，那么就应该匹夫有责，哪里会有什么要求和想法？自己放羊倌出身，一无冤屈，二不愿做官。使者回去报告，汉武帝听后非常感动，从此就牢牢地记住了卜式。

一年多之后，匈奴浑邪王率众投降，汉武帝大肆封赏，结果『仓府空，贫民大徙』。这时卜式再次雪中送炭，拿出二十万钱给河南太守助那些流亡的百姓度过难关。在河南上报帮助贫民的富人名单中，汉武帝看到了他熟悉的卜式的名字，立即回忆起当年他打算拿一半家产助边之事。汉武帝赐给卜式四百人更赋钱，卜式又把这些赏赐归还了朝廷。汉武帝觉得卜式真是个忠厚的长者，便又是封官又是赐爵。但卜式也不想做官，汉武帝只能骗他说：『我上林苑中也有羊，想让你为我放养。』卜式这次答应了。于是他日日穿着布衣戴着草帽踏着草鞋，做了个养羊的中郎。一年后，他养的羊又肥硕繁殖得又多。武帝偶然经过，见此深为赞许。令他意外的是，卜式突然讲起了大道理来：『非独羊也，治民亦犹是矣。以时起居，恶者辄去，毋令败群。』从牧羊中悟出了治民的道理，于是汉武帝拜卜式为缑氏令，深得缑氏百姓的拥护，又迁为成皋令，政绩依然卓异。从此卜式一路青云直上，而齐王太傅、而齐相，最终做到御史大夫，赐爵关内侯。

和卜式相比，金日磾的出身更糟，而他在汉帝国中所发挥的作用，似乎也较卜式更为重要。他本来是匈奴人，其父休屠王因在降汉问题上反复而被杀，他也被没入官，成了专司养马的奴隶，那年他十四岁。后来，武帝在宴会时要检阅一下御马，金日磾等数十个养马的奴仆便担任了牵马的工作。别的奴仆在武帝面前经过时，都偷偷地看他几眼，想一睹这位至尊天子的风采。惟独金日磾小心谨慎，目不斜视。再加上他长得一表人才，所养的马又膘肥体壮，一下子就吸引了汉武帝的目光。武帝从他在自己面前经过时的表现发现此人忠实可靠，谨慎缜密，是个可用之才，于是把他叫过来详细询问他的情况，随即就提拔他做马

监。之后他又多次迁升，累至光禄大夫。事实证明武帝的眼光不错，史称『日磾既亲近，未尝有过失』。金日磾在宫内数十年，目不忤视，并在危难关头挺身而出，救了武帝一命。江充以巫蛊事倾陷戾太子事发，被武帝夷族。他的党羽莽何罗害怕株连自己，阴谋加害武帝。心细如发的金日磾觉察到他心中有鬼，暗中监视莽何罗的举动，扰乱了他加害武帝的计划。在他狗急跳墙欲自行刺杀武帝之时，又是早有防备的金日磾首先发现其阴谋，并通过贴身肉搏将其抱住，大声呼唤，卫士们及时行动，挫败了其阴谋，避免了一场大悲剧的发生。在武帝晚年多病之际，金日磾与霍光、上官桀、桑弘羊一齐受托孤遗诏，成为武帝晚年和昭帝初年西汉王朝统治集团的核心人物，他依然保持小心谨慎的作风，鞠躬尽瘁，死而后已！

武帝曾以牧羊出身的卜式为御史大夫，又能在众多的养马奴仆中识得金日磾，用之为车骑将军、倚之为顾命大臣，而二人在各自的职位上均有不俗的表现，未辜负武帝的厚望，也充分显示了武帝的识人之鉴、用人之道和容人之度。所以武帝朝涌现出非常多的人才，国势也因此而变得更加强盛！

晚年的汉武帝在处理国家的内外政务上多有失误和不足，他深感统治政策应有改弦易辙的必要，于是在公元前八十九年（征和四年）下诏『罪己』。《轮台罪己诏》说：『今请远田轮台，欲起亭燧，是扰劳天下，非所以优民也，今朕不忍闻……当今务，在禁苛暴，止擅赋，力本农，修马复令，以补缺，毋乏武备而已。』『朕即位以来所为狂悖，使天下愁苦不可追悔，至今事有伤害百姓，靡费天下者，悉罢之。』同年又下诏『陈继往之悔，罢轮台之戍』。汉武帝拒绝了桑弘羊等人的屯田筑亭燧远戍轮台的建议，减少了边事，减轻徭赋，重视农业，命赵过推行代田法，改进农具和耕作技术，以发展生产。这些政策使社会逐步安定，封建秩序逐渐恢复，兴兵几十年的大汉王朝又回到了与民休息、重视发展经济的轨道，为以后汉代的『昭宣中兴』奠定了坚实的基础。在君主专制制度下，皇帝不管做了何等错事，臣子们也只是以歌功颂德、文过饰非为邀宠进身之阶，汉武帝后来能够『罪己』，及时转弯，说明他认识到了得人心者得天下，水能载舟亦能覆舟，即便是天子也须得道和考虑民意，这也是他作为一代明君的智慧与胸怀的重要表现。

汉武帝是中国历史上一位不可多得的帝王，同时也是一位深明大义、具有远见卓识的军事家、政治家。他十六岁继承大统，登基称帝，在位五十年之久，曾数次与匈奴发生激战，均胜利回朝，并派遣使节多次出使西域各国，加强了中原与外界的联系和交流，开拓了大汉王朝的疆土。此外，他在政治上废除旧制度，推行新法，加强中央集权；在经济上劝课农桑促进农业的发展。他开创了一个盛世，建立了在当时可与西方罗马帝国相媲美的东方最强大的大汉帝国，使其成为世界文明的中心。

三顾频烦天下计 两朝开济老臣心

曾有这样一副对联：收二川，排八阵，六出七擒，五丈原前，点四十九盏明灯，一心只为酬三顾；取西蜀，定南蛮，东和北拒，中军帐里，变金木土爻神卦，水面偏能用火攻。这是对三国时蜀国贤相诸葛亮一生的真实写照。诸葛亮（一八一—二三四年），字孔明，号卧龙，琅琊阳都（今山东沂南）人，汉朝司隶校尉诸葛丰的后代。

诸葛亮读书与当时大多数人不一样，不是拘泥于一章一句，而是观其大略，并喜欢吟诵《梁父吟》这首古歌谣。通过潜心钻研，他不但熟知天文地理，而且精通战术兵法。他志向远大，以天下为己任。诸葛亮还十分注意观察和分析当时的社会，积累了丰富的治国用兵的知识。

建安十二年（二零七年），诸葛亮二十七岁时，刘备『三顾茅庐』于襄阳隆中，会见诸葛亮，问以统一天下大计。诸葛亮精辟地分析了当时的形势，提出了首先夺取荆、益二州作为根据地，对内改革政治，对外联合孙权，南抚夷越，西和诸戎，等待时机，两路出兵北伐，从而统一全国的战略思想。这次谈话即是著名的《隆中对》。

刘备听了诸葛亮这一番精辟透彻的分析，思想豁然开朗。他觉得诸葛亮人才难得，于是恳切地请诸葛亮出山，帮助他完成兴复汉室的大业。诸葛亮遂出山辅佐刘备。次年曹操南伐，他和江东周瑜、鲁肃共同努力，并亲至东吴游说，促成孙权、刘备的联合，取得赤壁之战的胜利，奠定了三国分立的基础。诸葛亮随后辅助刘备取荆州四郡，出任军师中郎将。后他又从荆州率军溯江入蜀助刘备包围成都，推翻刘璋统治，夺得益州，迁军师将军。不久又击败曹军，夺得汉中。刘备出征，诸葛亮常镇守成都，稳定后方，保证供给。刘备在成都称帝，建立蜀汉政权后，诸葛亮被任命为丞相，主持朝政。二二三年，刘备病危，在白帝城把辅佐幼主的重任托付给了诸葛亮。诸葛亮一心帮助刘备的儿子新国君刘禅。刘禅继位后，诸葛亮被封为武乡侯，领益州牧。他勤勉谨慎，大小政事必亲自处理，赏罚严明，在他的治理下，蜀国的政治清明，势力也得到了很大的发展。

公元二二五年，蜀汉丞相诸葛亮为了巩固后方，率领军队南征。正当大功告成准备撤兵的时候，南方彝族的首领孟获，纠集了被打败的散兵来袭击蜀军。诸葛亮得知孟获不但作战勇敢，意志坚强，而且待人忠厚，在彝族中极得人心，就是汉族中也有不少人钦佩他，因此决定把他争取过来。

孟获虽然勇敢，但不善于用兵。第一次上阵，见蜀兵败退下去，就以为蜀兵不敌自己，不顾一切地追上去，结果闯进埋伏圈被擒。孟获认定自己要被诸葛亮处死，因此对自己说，死也要死得像个好汉，不能丢人。不料诸葛亮亲自给他松绑，好言劝他归顺。孟获不服这次失败，傲慢地加以拒绝。诸葛亮也不勉强他，而是陪他观看已经布置过的军营，之后特意问他：『你看这军营布置得怎么样？』

孟获观看得很仔细，他发现军营里都是些老弱残兵，便直率地说：『以前我不知道你们虚实，给你赢了一次，现在看了你们的军营，如果就是这样子，要赢你并不难！』诸葛亮也不作解释，笑了笑就放孟获回去。他料定孟获今晚准来偷营，当即布置好埋伏。孟获回去后，得意洋洋地对手下人说，蜀军都是些老弱残兵，军营的布置情况也已经看清楚，没有

什么了不起的，今夜三更去劫营，定能逮住诸葛亮。当天夜里，孟获挑选了五百名刀斧手，悄悄地摸进蜀军大营，什么阻挡也没有。孟获暗暗高兴，以为成功在即，不料蜀军伏兵四起，孟获又被擒住。

孟获接连被擒，再也不敢鲁莽行事了。又被放回去后他带领所有人马退到泸水南岸，只守不攻。蜀兵到了泸水，没有船不能过去，天气又热，困难重重。诸葛亮下令造了一些木筏子和竹筏子，一面派少量士兵假装渡河，但到了河心一碰到对岸射来的箭立即退回来，随后再去渡河，一面将大军分成两路，绕到上游和下游的狭窄处，渡过河去包围孟获据守的上城。后来，孟获又被擒住。孟获虽然第三次被擒，但他仍然不服气。诸葛亮还是不杀他，款待他后又放他回去。将士中有人对诸葛亮的这种做法不理解，认为他对孟获太仁慈宽大了。诸葛亮向大家解释说：『我军要彻底平定南方，必须重用孟获这样的人。要是他能心悦诚服地联络南人报效朝廷，就能抵得上十万大军。你们现在辛苦些，以后就不必再到这里来打仗了。』孟获这次被擒又被释放后，下决心不再跟蜀兵作战。但时间一长，营里快断粮了，他派人向诸葛亮借粮，诸葛亮同意了，但要孟获亲自出来，与蜀军大将一对一比武。孟获接连打败了几名蜀将，但刚到大堆粮食旁，却被绊马索绊倒而被擒。蜀将当即传达诸葛亮的命令，让孟获回去，并把粮食搬走。

在这种情况下，孟获终于从心里佩服诸葛亮。为了让各部族都归顺蜀国，他把各部族首领请来，带着他们一起上阵。结果又被蜀兵引进埋伏圈，一网打尽。蜀营里传出话来，让孟获等回去，不少部落首领请孟获作主，究竟怎么办。孟获流着眼泪说：『作战中七纵七擒（即六次放回七次逮住），自古以来没有听说过。丞相对我们仁至义尽，我没有脸再回去了。』就这样，孟获等终于顺服蜀汉，听从管辖。

此后，诸葛亮就任用少数民族首领管理当地人，蜀政权与少数民族关系大大改善。同时，他还大力进行了内部的改革，任用有才能的人，注意农业生产和水利建设，加强部队纪律，使蜀国很快摆脱了危机。

纵观贞观一朝，可谓人才辈出，群贤荟萃。贞观十七年（六六三年）二月，唐太宗命令图画家画于凌烟阁的二十四位功臣，成为唐太宗广开才路得以致效的体现，这些人对当时的政治形势起了良好的作用和影响，其中最为杰出的当属名相魏征。魏征原来是太子李建成的重要谋士，玄武门之变后，得到唐太宗的重用，先后被任命为谏议大夫、给事中、尚书右丞、秘书监等职，位列宰相。魏征为人正直，敢于直言，凡是正确的意见，不但要说，而且更会坚持到底，即使唐太宗大发雷霆，魏征也神色不移，毫不退缩，因此，唐太宗既喜欢他又害怕他。

一天，唐太宗升朝议事，他端坐在龙座之上，双手轻按龙座扶手，神态庄严、威武，两边侍者大气不敢出。他轻轻咳嗽一声，问大臣：『众爱卿，你们中的许多人都是能言善辩的宿儒，为什么上朝议事，却总是慌慌张张，甚至颠三倒四呢？』

魏征深知个中缘由，便上前一步，毫不客气地奏道：『皇上，你形象威武，每上朝又总是神态严肃，气势咄咄逼人，加之朝廷气氛森严，所以为臣的才那么慌张。皇上以后临朝，宜稍减龙威，最好放下皇帝的架子，对大臣和颜悦色。这样，大臣们发言讲话就会自然了。』

唐太宗有些暗中得意，又有些难堪，但转念一想，又觉得这种肺腑之言难得，不便发作。于是，他将计就计，想用近来萦绕于胸的问题为难魏征：『爱卿之言提醒了我。近来，我一直在思考古人常议论的「明君」「暗君」的问题。你对这明、暗之别，有何高见呢？』

魏征胸有成竹，缓缓上前，应声答道：『陛下，作为万民之主而能兼听各方面的意见，则为明君；偏听一方意见，甚至于偏信小人的意见，则为暗君。像隋炀帝那样的君主，就是暗君。只有明君，办事才能不出差错，赢得万民拥戴。而暗君，必定落得个身死名裂，亡国灭族的下场。请陛下慎之。』这种谏诤方式虽使皇帝已有点不舒服，但在魏征的谏诤史上，它不过是蜻蜓点水而已。

魏征的直言谏诤，大多是持反对意见。这样，就常常给唐太宗当头泼下冷水，弄得唐太宗很扫兴。在贞观君臣的共同努力下，到贞观四年，社会上便出现了『升平』景象。这之后，又连年丰收，所以天下太平，盗贼不作。早在贞观元年（六二七年），许多大臣就上书请求李世民封禅。封禅是古代帝王祭告天地的庆功大典，祭祀地点在泰山顶上。李世民也认为开国有功，事业有成，便接受了大臣们的意见，同意赴泰山封禅，独有魏征又力排众议，认为不可。唐太宗这次很不高兴，便质问魏征：『这么多大臣都同意封禅，为什么唯独你反对？难道我的功还不够高，德还不够深，国家还没有安定，四方还没有臣服吗？』

魏征从容地回答：『皇上功业虽高，但是百姓受到的恩惠却不够多；您的德行虽深厚，但恩泽还没有及于所有的人；当今天下虽已太平，但仍是百废待举，财力还不十分充裕；粮食虽然丰收，库存还比较空虚。这怎么能向天地报告功业呢？再说封禅是大事，四邻各国酋长都得随从庆贺，那样耗费是极大的！而况伊、洛（河南中原地带）以东地区，至今十分荒凉，这不等于向四方各国展示虚弱，滋生图谋中原之心吗？』唐太宗被他说得哑口无言，但嘴上又无法反驳，只好作罢。这样一来，国家的一大笔开支就被省下来了。

魏征为国家的长治久安和黎民百姓的安居乐业刚直敢言，勇于谏诤，检点太宗的过失，太宗非但没怪罪魏征，反而更加信任他。贞观十七年（六四三年），魏征病重，唐太宗不断派人送去药品和食物，并遣专人到魏征家中看护，随时禀报病情并两次到魏征家中探望。第二次，太宗还带上太子和衡阳公主。魏征勉强地拜见了太宗。太宗忧伤地安慰魏征，叫他好好养病，并流着泪问他有什么要求。魏征强支病体说：『我不愁别的小事，只担心国家的兴亡。』作为太宗的肱股大臣，魏征鞠躬尽瘁。

魏征死后，唐太宗悲痛万分，罢朝五天致哀，命以一品官礼葬，还把魏征像画于凌烟阁，经常前往吊唁赋诗，以示纪念。太宗曾在魏征像前无限感慨地说：『用铜作镜子，可以正衣冠；用历史作镜子，可以知道国家兴衰的道理；用人作镜子，可以看到自己的过错。现在魏征逝世，使我失去了一面镜子。』正是由于唐太宗采取了求贤纳才、知人善任的用人政策，不拘一格用人才，因此在贞观时期，罗至了大量的优秀人才。

除虚心纳谏外，唐太宗还提倡戒奢崇简，并以身作则。他即位后，住的宫殿还是隋朝建造的，大部分都已十分破旧。一般新王朝的君主都要大兴土木，另建新的宫殿，但唐太宗为了节省开支，在贞观初年一直不允许修建。他还严厉禁止厚葬，并要求五品以上的官员和勋亲贵族都要遵照执行，对于官员的奢侈行为，唐太宗也严格禁止。贞观初年，逐渐形成了一种崇尚节俭的风气，出现了一大批以节俭闻名的大臣。如户部尚书戴胄，生前一直住在一所破旧的屋子里，死后甚至连个祭祀的地方也没有。一代名相魏征为官一世，家里却连个正堂屋也没有。这种节俭风气的盛行，对减轻国家和人民的负担，促进社会经济的恢复和发展起了积极的作用。

唐太宗共在位二十三年，他奉行大治天下的治国方针，励精图治、锐意进取，使唐王朝迅速地达到了天下大治的局面。社会安定，人民安居乐业，国力日益强盛，并且造成了皇帝兼听纳谏，广任贤良，大臣敢于发表和坚持自己的意见这样一种政治风气，开创了被誉为贞观之治的太平盛世，唐太宗也因此成为中国历代帝王中最为杰出的代表人物。

马上取天下易，马上治天下难。配合成吉思汗的武功，耶律楚材以文相辅，蒙古帝国的根基才得以奠定。

一二一五年五月，完成了对金兵的扫荡，成吉思汗停马桓洲，在行宫召见辽、金名家。这时的耶律楚材已有老成的风度，身长八尺，头大过人，声音宏亮，蓄留着漂亮的长胡须。成吉思汗一眼见之，就被这青年吸引住了。这时，成吉思汗说：『辽与金是世世代代的冤家对头，朕灭金为你报了仇。』耶律楚材答道：『父祖以来，皆作人质服仕金国，一旦成为臣下，怎可抱二心记仇于君。』成吉思汗从一开始就想把楚材作为自己的一个智囊，因而说这样的话，以为必定使对方称心如意，然而与他预料的相反，他听到了作为诚实的臣下应当说的话。成吉思汗被他的志操和态度所感动，决定置其于自己的左右。耶律楚材『黑胡须垂至膝部』，因此，成吉思汗不呼唤他的名字，不论什么时候，总是喜欢叫他『长胡子』。

返回了客鲁涟河畔后，成吉思汗信任的一个唐兀惕弓匠以夸耀自己的技术非难楚材道：『国家正在打仗，怎么把楚材这种学究请来，顶什么用？』对此，楚材平平淡淡地回答了他：『诚然创作弓，需要弓匠，但要治天下必得治天下者。』成吉思汗听了这话更加信任他了。由于成吉思汗非常信任耶律楚材，因此耶律楚材在随他西征并告诫他说，杀戮只会带给他灾难时，他立刻停止了西征。当他对征来的汉地大肆摧毁时，他也听取了耶律楚材『为了

帝国的利益保护这些财富的来源本身』的建议，撤销了野蛮的法令。最后，在他临终时，还把耶律楚材推荐给了他的儿子们。可见，成吉思汗是非常重视人才的。他大胆启用人才的品质这一点对于古代的帝王而言，也难能可贵。

成吉思汗除了是一位爱惜人才的君主外，他的军事能力和崇尚冒险的精神也被后人所津津乐道。一二二七年七月，成吉思汗身患重病，一卧不起。他自知死期临近，便召其三子窝阔台、四子拖雷于枕边，叮嘱他们兄弟之间要亲密相处，并面授征服金国的策略：『金的精兵在潼关，南有群山，北临黄河，难以遽然攻破，如果向宋借道，宋与金是世仇，必定会应允，那就可以出兵唐、邓（两州均在河南）直指汴京。金危急，必定召驻守潼关的军队，这时我们就迎头痛击远来疲军，必能大胜。』他还吩咐：『我死后要秘不发丧，以免被敌人知悉。待西夏国主和军民在指定时刻出城时，立即全部把他们消灭。』安排完军国大事之后，这位一代天骄才带着多姿多彩的业绩结束了他的一生。遵照成吉思汗的遗嘱，他的尸体被送回了蒙古故土，埋葬在不儿罕山上。陵墓向北深埋，以万马踏平。后人在鄂尔多斯修建了『人间白室』，人称成吉思汗陵。

一代天骄成吉思汗（一一六二—一二二七年），是世界史上杰出的政治家、军事家。他建立了中国历史上第一个由少数民族统一的政权，促进了民族的融合和大发展。成吉思汗，一生戎马，构建了迄今为止中国历史上最大的国家版图，其对东欧的远征也改写了许多国家的历史。

愿以深心奉尘刹　不予自身求利益

明王朝经过两百多年的风风雨雨，到了嘉靖年间已是百病丛生，危机四伏。紫禁城里每日设坛修醮，青烟缭绕。幻想长生不死的嘉靖皇帝陶醉于《庆云颂》的华丽词藻，闭着眼睛将朝政托付给奸相严嵩。严嵩父子趁机为非作歹，贪赃枉法。在这样的时代背景下，平民出身的内阁首辅（宰相）张居正被推上了历史的前台。他以其非凡的魄力和智慧，整饬朝纲，巩固国防，推行一条鞭法，使奄奄一息的明王朝重新获得勃勃生机。张居正也因其巨大的历史功绩而被后世誉为『宰相之杰』。

张居正（一五二五—一五八四年），字叔大，号太岳，荆州江陵（今属湖北）人。隆庆元年（一五六七年），他以裕王旧臣的身份，被擢为吏部左侍郎兼文渊阁大学士，进入内阁，参与朝政。同年四月，又改任礼部尚书、武英殿大学士。入阁以后的张居正并没有为个人的升迁而自鸣得意。他首先在首辅徐阶和内阁重臣高拱的支持下，主持了巩固边防的工作。隆庆四年，鞑靼首领俺答进攻大同，计划称帝。张居正闻悉俺答的孙子把汉那吉携妻比吉和乳母的丈夫阿力哥共十几人请求内附，大同巡抚方逢时和宣大总督王崇古决策受降。鉴于此事非同小可，张居正写信，要崇古立刻把详情『密示』于他。原来，俺答的第三个儿子死时遗一小孩即把汉那吉，把汉那吉长大娶妻比吉，后爱上姑母之女三娘子并再娶。然而，身为外祖父的俺答也爱上了三娘子并意据为己有。于是祖孙之间为一个小女子心中结怨，演出失恋青年离家投汉的一幕。居正接到报告，再次写信给崇古，要其妥善安排把汉那吉，并派人通报俺答：『中国之法，得虏酋若子孙首者，赏万金，爵通侯。吾非不能断汝孙之首以请赏，但彼慕义而来，又汝亲孙也，不忍杀之。』然后，指授方略，要崇古、逢时奏疏皇上纳降。朝中很多人极力反对，认为敌情叵测。果然俺答的骑兵如黑云压城至北方边境。崇古早在居正授意之下作好战事准备并以其孙要挟，俺答终于被迫妥协。居正顺水推舟应俺答之求，礼送把汉那吉回乡，俺答则把赵全等叛臣绑送明室。把汉那吉穿着皇上官赐的大红丝袍回鞑靼帐幕。俺答见到非常感动，说以后不再侵犯大同，并决定请求封贡、互市，和明友好相处。隆庆五年，穆宗在居正等人的力劝下，诏封俺答为顺义王，并在沿边三镇开设马市，与鞑靼进行贸易。北部边防的巩固使张居正可以把注意力转向国内问题。

国学撷要

章节·壹　民族大义

通过分析，张居正认为当时的国力匮之是由于吏治不清造成的。基于上述看法，张居正决定从整顿吏治开始他的改革。张居正整饬吏治的目的主要还是『富国强兵』，他要求封建社会的最高统治者皇帝勒紧裤带，和大家一道过紧日子。他不仅多次向神宗提出『节用爱民』，『以保国本』，而且在皇室的奢侈性花费上，也是锱铢必较，寸步不让。万历七年，神宗向户部索求十万金，以备光禄寺御膳之用，居正据理力争，上疏说，户部收支已经入不敷用，『目前支持已觉费力，脱一旦有四方水旱之灾，疆场意外之变，何以给之？』他要求神宗节省『一切无益之费』。结果，不仅免除了这十万两银子的开支，连宫中的上元节灯火、花灯费也被废止。在张居正的力争下，还停止重修慈庆、慈宁二宫及武英殿，停输钱内库供赏，节省服御费用，减苏松应天织造等，使封建统治者的奢侈消费现象有所收敛。对于自己的用度，张居正也是力戒奢华。纂修先皇实录，例得赐宴一次。张居正参加纂修

穆宗实录，提出辞免赐宴。他说：『一宴之资，动之数百金，省此一事，亦未必非节财之道。』他还请求将为明神宗日讲的时间放在早上，可以免晚上的灯火费用。张居正在整顿吏治、厉行节约的过程中，不仅自己廉洁奉公，而且对家属也严格要求。儿子回江陵应试，他吩咐儿子自己雇车；父亲生日，他吩咐仆人带着寿礼，骑驴回家里祝寿。万历八年，居正次弟张居敬病重，回乡调治，保定巡抚张卤例外发给『勘合』（使用驿站的证明书），居正立即交还，并附信说要为朝廷执法，就不能不以身作则。

对于明王朝来说，张居正确实是难得的治国之才。他早在内阁混斗、自己政治生命岌岌不保的时候，写过一偈：『愿以深心奉尘刹，不予自身求利益。』他的确是做到了。除此之外，张居正还在全国推行为后世所熟知的『一条鞭法』，在一定程度上减轻了百姓的负担，缓和了一触即发的阶级矛盾，对历史的发展起了积极的作用。

章节·贰

热血传奇

『出不入兮往不反，平原忽兮路遥远；带长剑兮挟秦弓，首身离兮心不惩；诚既勇兮又以武，终刚强兮不可凌；身既死兮神以灵，子魂魄兮为鬼雄……』透过历史发黄的纸页，几千年前中国伟大诗人屈原，在祭奠和追悼那些为国捐躯的将士英灵时那悲壮而又庄重的画面立刻在眼前呈现。

历史长河早已滚滚而去，那个曾让中国人民为之痴迷、激动、憧憬已久的金戈铁马驰骋沙场、英雄壮士奋勇杀敌的壮烈画面，或许早已随着时间的云散烟消而定格在历史的某一时空之中。然而英雄的背影和他们的热血传奇却不会随着时间的流逝而褪色，也不会因时空的转移纵横就被华夏子孙们所忘却，相反，记忆的思弦不时在拨动。剧烈复杂的历史变革中，五千年的华夏文明沉淀里，他们『世治则以义卫身，世乱则以身卫义』的英勇形象早已固定为民族和国家的脊梁与形象，在中国人民的内心世界化为『忠勇』符号，成为中华民族所认同并不可或缺的精神动力之一。

作为出使西域的西汉使者，苏武尽忠守节，以不辱使命而闻名于世，而苏武牧羊的故事也千古流传，并为后人仿效；南宋岳飞坚持崇高的民族气节，表达了被压迫民族的要求，保住了南宋半壁河山，使南中国人民免遭金统治者的蹂躏，其精忠报国的英雄事迹更是早已为中国人民耳熟能详；『宋亡三杰』之一的文天祥，被敌囚禁四年，经历种种严酷考验，始终不屈，并在敌人的牢狱中写下千古传诵的《正气歌》；民族英雄戚继光带领『戚家军』转战沿海各地，经过十几年战斗，终于将沿海倭患铲除，保卫了中国东部的海疆；明末清初的民族英雄郑成功不畏强敌，率领士兵英勇作战，终从荷兰侵略者手里收复了沦陷三十八年的中国神圣领土台湾；林则徐领导的虎门销烟，因其正义取得了广大人民的支持，维护了民族的尊严和利益；邓世昌是近代中国海军中不可多得的将才，在一八九四年九月的黄海海战中，与船同沉，力战而死，充分表现了顽强的战斗精神和血战到底的英雄气概，为后世敬仰。

虽然历史不会重复，然而面对国家危难、民族危机的时刻，中国历史上历来不乏挺身而出的民族英雄，他们在关键时刻的英勇表现也为后代所称赞。

西汉大将军霍去病，英勇明智，面对匈奴的侵袭毫不退缩，经过与匈奴的数次战役，最终收复了大漠以南所有土地，解除了西汉初年以来匈奴对汉王朝的威胁；

明朝兵部尚书于谦在国家危急时刻坚拒退缩，领导和组织了中国历史上著名的京师保卫战，并取得了胜利，使明王朝转危为安；

明末政治家、军事统帅史可法因抗清被俘，不屈而死，成为著名的民族英雄，南明朝廷谥之忠靖，清高宗追谥忠正；

晚清著名爱国名将，民族英雄关天培率领将士与英国侵略军浴血激战中为国捐躯，为巩固国防，维护国家主权作出了杰出贡献；

……

只要展开眼前这幅有着悠久中华历史的画卷，那些为国家民族舍生取义，精忠报国，鞠躬尽瘁，死而后已，贫贱不能移，威武不能屈的英雄豪杰、忠贤勇士的浓墨重彩，无一不彰显着中华民族的民族凝聚力，华夏子孙亦无不因此而骄傲。

北海牧羊心存汉　渴饮风雪卧冰毡

汉武帝元狩四年（公元前一一九年），在漠北之战中，大将军卫青和骠骑将军霍去病击败匈奴以后，匈奴的势力逐渐衰落，但还具有一定的战斗力量。在此后的一段时间里，双方一面持续战争，一面相互遣使者往来，表面上为寻求友好，实则窥探对方虚实，因此，扣留对方和杀戮使者之事，时有发生。公元前一零一年，匈奴老单于去世，新单于担心西汉王朝的威胁，因而派使臣去长安修好，并将以前扣留在匈奴的十几名西汉使者释放回国。为回报匈奴，答其善意，公元前一零零年，汉武帝派中郎将苏武作为使臣，携带厚礼，送还匈奴被拘留在汉的使者。

苏武（前一四零—前六零年），字子卿，杜陵（今陕西西安市南）人，为人廉洁正直，而且有胆量，有骨气。苏武奉命后，就偕同副使张胜、随员常惠等一百多人从长安出发，一路晓行夜宿，到达匈奴单于王廷。苏武启程回国前发生了意外：原来苏武出使匈奴之前，汉官卫律投降了匈奴，单于封他为王。因其部下虞常对卫律不满，遂与苏武的副使张胜串通，胁持单于的母亲逃回中原。后此事经人告发，虞常被执获。单于知悉此事，勃然大怒，派卫律查办此事。张胜恐虞常供出自己，只得将前情告知苏武。苏武听说后，担心连累国家。果然，虞常供出了与张胜的密谋。单于盛怒之下想借此胁迫汉使归降匈奴。单于命令卫律召苏武前来听审。爱国的苏武当场拔剑自刺，单于因此敬慕苏武忠于汉朝的气节，朝夕遣人问候，并让卫律设法使苏武归降。

当苏武伤势渐愈时，单于派人通知苏武、张胜一起去观审虞常，欲因此迫使苏武归降。其间软硬兼施，苏武不为所动。卫律知道苏武终究不可胁迫投降，报告了单于。单于越发想要使他投降，就把苏武囚禁起来，放在大地窖里面，不给他食物和水。天下雪，苏武卧着嚼雪，同毡毛一起吞下充饥，几天不死。单于认为很神奇，就把苏武迁移到北海边没有人的地方，让他放牧公羊，说等到公羊生了小羊才让他得以归汉。苏武迁移到北海后，因为过的是放逐的生活，粮食常常接济不上，他只好去挖野鼠的巢穴，找野鼠储藏起来的野生果实吃。但是不管怎样艰苦，他都须臾不离汉朝使者的符节，拄着符节牧羊，以至于符节上系着的牦牛尾脱落净尽。

这样过了五六年，有一次，单于的弟弟於靬王到北海打猎，见苏武会编结打猎用的网，会矫正弓弩，很器重他，便供给他衣食。三年后，於靬王病危，他怕自己死后苏武又陷入以前那样艰难的处境，于是赐给苏武许多马和牲畜以及盛东西的器皿和帐篷。不想，於靬王死的当年冬天，丁令国的人盗去了苏武的牛羊，苏武再次过上穷日子。

汉武帝天汉二年（前九十九年）秋，李陵带领五千兵出居延海以北，迎击匈奴，被匈奴单于以八万兵包围，李陵血战后『遂降匈奴』。这是苏武一生中最艰难困苦的生涯。李陵投降之后，因心中有愧，不敢见老友苏武。直到苏武的牛羊被丁令国的人盗去之后，李陵和苏武的关系才开始出现交集。单于派李陵劝降苏武。李陵来到北海，摆设酒宴，宴前作乐，开始了大段劝降之辞：『如果你永远不能归汉，白白地在这个荒无人烟的地方受苦，你对汉朝的信义又有谁知道呢？』李陵告诉苏武，他的家人已『死走逃亡』，『人生如朝露，

何必如此自苦呢！皇上年龄越大，法令越无常，无辜的大臣被灭家的已经有几十人了，自身的安危尚不可知，你还为这样的朝廷守什么节啊！』

苏武回答说：『我苏氏父子无功无德，蒙皇上眷顾，加官进爵，肝脑涂地不能报答。今天终于有了为国家献身的机会，即使斧钺加身，汤镬极刑，我也心甘情愿。』接着，苏武又说：『臣事君，犹子事父也。子为父死无所恨。』李陵与苏武盘桓数日，终不能动其心，李陵见至诚，惭愧地与苏武挥泪告别，并让其妻子赠给苏武牛羊数十头，以改善其生活。

公元前八十七年，李陵又到北海上，将汉武帝去世的消息告知了苏武。苏武听后向南号哭，悲痛异常。公元前八十五年，匈奴单于逝世，内部发生混乱，新继位的单于再也没有力量跟汉朝打仗，又派遣使者求和。新继位的汉昭帝派使者到匈奴去，要求单于放回苏武，匈奴谎说苏武已死。使者信以为真。第二次，汉使者又到匈奴，暗中得知苏武尚在北海牧羊。使者见了单于，严厉责备他说：『匈奴既然有心与汉朝和好，就不应该欺骗汉朝。我们皇上在御花园射下了一只大雁，雁脚上拴着一条绸子，上面写着苏武还活着，你怎么说他死了呢？』单于听了，以为是苏武的忠义感动了飞鸟，连大雁也替他送消息呢。于是，他便向使者道歉说：『苏武确实是活着，我们把他放回去就是。』

苏武出使时四十岁，在匈奴受了十九年折磨，胡须、头发全白。他回到长安的那天，长安的人民都出来迎接他。他们看见白胡须、白头发的苏武手里还拄着光杆子的旌节，无不感慨万分。

三十功名尘与土 八千里路云和月

岳飞（一一零三—一一四一），字鹏举，河北西路相州汤阴（今属河南）人，农家出身。少年家境贫寒，仍勤奋学习《左氏春秋》《孙子》和《吴起兵法》，并炼就一身好武艺。未及成年即能挽三百斤弓及八十力弩。十九岁时投军抗辽。不久因父丧，退伍还乡守孝。一一二六年金兵大举入侵中原，岳飞再次投军，开始了他抗击金军、保家为国的戎马生涯。传说岳飞临走时，其母姚氏在他背上刺了『精忠报国』四个大字，这成为岳飞终生遵奉的信条……

岳飞投军后，很快因作战勇敢升秉义郎。这时宋都开封被金军围困，岳飞随副元帅宗泽前去救援，多次打败金军，受到宗泽的赏识，称赞他『智勇才艺，古良将不能过』。同年，金军攻破开封，俘获了徽、钦二帝，北宋王朝灭亡。靖康二年五月，康王赵构登基，是为高宗，迁都临安，建立南宋。岳飞上书高宗，要求收复失地，被革职。岳飞遂改投河北都统张所，任中军统领，在太行山一带抗击金军，屡建战功。后复归东京留守宗泽，以战功转武功郎。宗泽死后，从继任东京留守杜充守开封。

建炎三年（一一二九年），金将兀术率金军再次南侵，杜充率军弃开封南逃，岳飞无奈随之南下。是年秋，兀术继续南侵，改任建康（今江苏南京）留守的杜充不战而降。金军得以渡过长江天险，很快就攻下临安、越州（今绍兴）、明州等地，高宗被迫流亡海上。岳飞率孤军坚持敌后作战。他先在广德攻击金军后卫，六战六捷。又在金军进攻常州时，率部驰援，四战四胜。次年，岳飞在牛头山设伏，大破金兀术，收复建康，金军被迫北撤。从此，岳飞威名传遍大江南北，声震河朔。七月，岳飞升任通州镇抚使兼知泰州，拥有人马万余，建立起一支纪律严明、作战骁勇的抗金劲旅『岳家军』。

绍兴三年，岳飞因剿灭李成、张用等『军贼游寇』，得高宗奖『精忠岳飞』的锦旗。次年四月，岳飞挥师北上，击破金傀儡伪齐军，收复襄阳、信阳等六郡。岳飞也因功升任清远军节度使。同年十二月，岳飞又败金兵于庐州（今安徽合肥），金兵被迫北还。绍兴五年（一一三五年），岳飞率军镇压了杨幺起义军，从中收编了五六万精兵，使『岳家军』实力大增。

绍兴六年，岳飞再次出师北伐，攻占了伊阳、洛阳、商州和虢州，继而围攻陈、蔡地区。但岳飞很快发现自己是孤军深入，既无援兵，又无粮草，不得不撤回鄂州（今湖北武昌）。此次北伐，岳飞壮志未酬，写下了千古绝唱的名词《满江红》：

『怒发冲冠，凭栏处，潇潇雨歇。
抬望眼，仰天长啸，壮怀激烈。
三十功名尘与土，八千里路云和月。
莫等闲，白了少年头，空悲切！
靖康耻，犹未雪。
臣子恨，何时灭？
驾长车，踏破贺兰山阙！壮士饥餐胡虏肉，笑谈渴饮匈奴血。
待从头，收拾旧山河，朝天阙！』

绍兴七年，岳飞升为太尉。他屡次建议高宗兴师北伐，一举收复中原，但都为高宗所拒绝。绍兴九年（一一一九年），高宗和秦桧与金议和，南宋向金称臣纳贡。这使岳飞不胜愤懑，上表要求『解罢兵务，退处林泉』，以示抗议。次年，兀术撕毁和约，再次大举南侵。岳飞奉命出兵反击。相继收复郑州、洛阳等地，面对岳家军的大举北伐，兀术极度恐慌，赶忙召集部将商议对策，认为岳家军诸将尚可对付，惟有岳飞不可挡，遂议定孤注一掷，合兵与之决战。宋廷闻讯，大为担忧，于是宋高宗下诏要岳飞『审处自固』，岳飞不以为然，依旧每日出城挑战，于金军营前骂阵。兀术大怒，遂和其他将领合兵进兵郾城北与岳家军对峙。岳飞令其子岳云率兵冲敌阵，并告诫他说：『如果你不能打胜的话，我就先斩了你。』岳云接到命令之后就往来冲杀，决战数十个来回之后大破金军精锐铁骑兵『铁浮图』和『拐子马』，乘胜进占朱仙镇，距开封仅四十五里。兀术被迫退守开封，金军士气沮丧，发出『撼山易，撼岳家军难』的哀叹，不敢出战。

在朱仙镇，岳飞招兵买马，联络河北义军，积极准备渡过黄河收复失地，直捣黄龙府。他激动地对诸将说：『直捣黄龙府，与诸君痛饮耳！』这时高宗和秦桧却一心求和，连发十二道金字牌班师诏，命令岳飞退兵。岳飞抑制不住内心的悲愤，仰天长叹：『十年之功，毁于一旦！所得州郡，一朝全休！社稷江山，难以中兴！乾坤世界，无由再复！』他壮志难酬，只好挥泪班师。

岳飞回临安后，即被解除兵权，任枢密副使。绍兴十一年（一一四一年）八月，高宗和秦桧派人向金求和，金兀术要求『必先杀岳飞，方可议和』。秦桧乃诬岳飞谋反，将其下狱。绍兴十一年十二月二十九日，秦桧以『莫须有』的罪名将岳飞毒死于临安风波亭，是年岳飞仅三十九岁。其子岳云及部将张宪也同时被害。宁宗时，岳飞得以昭雪，被追封鄂王。

岳飞善于谋略，治军严明，其军以『冻死不拆屋，饿死不掳掠』著称。在其戎马生涯中，他亲自参与指挥了一百二十六仗，未尝一败，是名副其实的常胜将军。岳飞无专门军事著作遗留，其军事思想，治军方略，散见于书启、奏章、诗词等。后人将岳飞的文章、诗词编成《岳武穆遗文》，又名《岳忠武王文集》。

人生自古谁无死 留取丹心照汗青

在南宋王朝垂死挣扎之际，文天祥坚持抗元。即使是后来南宋被灭，文天祥也丝毫不受诱惑，他选择用自己忠诚的热血来回报曾养育过自己的国家。文天祥的这种衷心爱国的行为，展现出了一个民族英雄的气概。

文天祥（一二三六—一二八三年），吉州庐陵（今江西吉安）人，原名云孙，宝佑四年（一二五六年）中状元。宋恭帝德佑元年（一二七五年）正月，因元军大举进攻，宋军的长江防线全线崩溃，朝廷下诏让各地组织兵马勤王。文天祥立即捐献家资充当军费，招募当地豪杰，组建了一支万余人的义军，开赴临安。宋朝廷委任文天祥知平江府，命令他发兵援救常州，旋即又命令他驰援独松关。由于元军攻势猛烈，江西义军虽英勇作战，但最终也未能挡住元军兵锋。

次年正月，元军兵临临安，文武官员都纷纷出逃。谢太后任命文天祥为右丞相兼枢密使，派他出城与伯颜谈判，企图与元军讲和。文天祥到了元军大营，却被伯颜扣留。伯颜企图诱降文天祥，利用他的声望来尽快收拾残局。文天祥宁死不屈，伯颜只好将他押解北方。行至镇江，文天祥冒险出逃，经过许多艰难险阻，于景炎元年（一二七六年）五月二十六日辗转到达福州，被宋端宗任命为右丞相。此时，谢太后已经献城纳土，向元军投降。元军占领了临安，但两淮、江南、闽广等地还未被元军完全控制和占领。

在此时的南宋小朝廷中，文天祥对张世杰专制朝政极为不满，又与陈宜中意见不合，于是离开南宋行朝，以同都督的身分在南剑州（治今福建南平）开府，指挥抗元。不久，文天祥又先后转移到汀州（治今福建长汀）、漳州龙岩、梅州等地，联络各地的抗元义军，坚持斗争。景炎二年（一二七七年）夏，文天祥率军由梅州出兵，进攻江西，在雩都（今江西于都）获得大捷后，又以重兵进攻赣州，以偏师进攻吉州（治今江西吉安），陆续收复了许多州县。元江西宣慰使李恒在兴国县发动反攻，文天祥兵败，收容残部，退往循州（旧治在今广东龙川西）。祥兴元年（一二七八年）夏，文天祥得知南宋行朝移驻厓山，为摆脱艰难处境，便要求率军前往，与南宋行朝会合。由于张世杰坚决反对，文天祥只好作罢，率军退往潮阳县。同年冬，元军大举来攻，文天祥在率部向海丰撤退的途中遭到元将张弘范的攻击，兵败被俘。

文天祥服毒自杀未遂，被张弘范押往厓山，让他写信招降张世杰。文天祥说：『我不能保护父母，难道还能教别人背叛父母吗？』张弘范不听，一再强迫文天祥写信。文天祥于是将自己前些日子所写的《过零丁洋》一诗抄录给张弘范。张弘范读到『人生自古谁无死，留取丹心照汗青』两句时，不禁也受到感动，不再强逼文天祥。

南宋在厓山灭亡后，张弘范向元世祖请示如何处理文天祥，元世祖说：『谁家无忠臣？』命令张弘范对文天祥以礼相待，将文天祥送到大都（今北京），软禁在会同馆，决心劝降文天祥。元世祖首先派降元的原南宋左丞相留梦炎对文天祥现身说法，进行劝降。文天祥一见留梦炎便怒不可遏，留梦炎只好悻悻而去。元世祖又让降元的宋恭帝来劝降。文天祥北跪于地，痛哭流涕，对恭帝说：『圣驾请回！』恭帝无话可说，怏怏而去。元世祖大怒，

于是下令将文天祥的双手捆绑，戴上木枷，关进兵马司的牢房。文天祥入狱十几天，狱卒才给他松了手缚，又过了半月，才给他褪下木枷。

元朝丞相孛罗亲自开堂审问文天祥。文天祥被押到枢密院大堂，昂然而立，只是对孛罗行了一个拱手礼。孛罗喝令左右强制文天祥下跪。文天祥竭力挣扎，坐在地上，始终不肯屈服。孛罗问文天祥：『你现在还有甚么话可说？』文天祥回答：『天下事有兴有衰。国亡受戮，历代皆有。我为宋尽忠，只愿早死！』孛罗大发雷霆，说：『你要死？我偏不让你死。我要关押你！』文天祥毫不畏惧。

从此，文天祥在监狱中度过了三年。在狱中，他曾收到女儿柳娘的来信，得知妻子和两个女儿都在宫中为奴，过着囚徒般的生活。文天祥深知女儿的来信是元廷的暗示：只要投降，家人即可团聚。然而，文天祥尽管心如刀割，却不愿因妻子和女儿而丧失气节。他在写给自己妹妹的信中说：『收柳女信，痛割肠胃。人谁无妻儿骨肉之情？但今日事到这里，于义当死，乃是命也。奈何？奈何？……可令柳女、环女做好人，爹爹管不得。泪下哽咽哽咽。』狱中的生活很苦，可是文天祥强忍痛苦，写出了不少诗篇。《指南后录》第三卷、《正气歌》等气壮山河的不朽名作都是在狱中写出的。

元世祖至元十九年（一二八二年）三月，权臣阿合马被刺，元世祖任命和礼霍孙为右丞相。和礼霍孙提出以儒家思想治国，颇得元世祖赞同。八月，元世祖问议事大臣：『南方、北方宰相，谁是贤能？』群臣回答：『北人无如耶律楚材，南人无如文天祥。』于是，元世祖下令授予文天祥高官显位。一些降元旧友立即向文天祥通报此事，并劝降，但遭到文天祥拒绝。十二月八日，元世祖召见文天祥，亲自劝降。文天祥对元世祖仍长揖不跪。元世祖以官职诱惑，文天祥说：『我是大宋宰相。国家灭亡，只求速死。不当久生。』元世祖十分气恼，下令立即处死文天祥。次日，文天祥被押解到菜市口刑场。监斩官问：『丞相还有甚么话要说？回奏还能免死。』文天祥喝道：『死就死，还有甚么可说的？』他问监斩官：『哪边是南方？』有人给他指了方向，文天祥向南方跪拜，说：『我的事情完结了，心中无愧！』于是引颈就刑，从容就义。文天祥死后，在他的衣带中发现一首诗：『孔曰成仁，孟曰取义，惟其义尽，所以仁至。读圣贤书，所学何事？而今而后，庶几无愧。』文天祥死时年仅四十七岁。

平生封侯非我意　身后但愿海波平

明朝初年，有一批日本海盗，来到中国沿海一带，从事杀人抢劫的勾当，他们被叫作倭寇。不过，那时，明朝国力强盛，军队战斗力强，社会政治较安定，入侵的倭寇很快被消灭，所以没有造成很大的灾难。明世宗时期，东南沿海防卫空虚，倭寇乘机侵犯，祸害空前严重起来。而明嘉靖年间的倭寇，危害了沿海半个中国。一些地方贪官、恶霸、奸商、罪犯等，也纷纷勾结倭寇，使得倭寇在浙江、福建、广东沿海肆意烧杀抢掠。公元一五五三年，大批倭寇在海盗头子汪直、徐海等的引导、率领下，在浙江、江苏登陆，窜扰崇明、上海、台州、温州、宁波、绍兴等几十个城市。

为了保家卫国，沿海地区人民展开了打击日本海盗的斗争。戚继光就是在这一时代里锻炼出来的一位杰出的抗倭名将、民族英雄。

戚继光（一五二八—一五八七年），字元敬，号南塘，山东登州（今蓬莱县人）。他幼年时家里很贫穷，但是人穷志不短，戚继光『好读书，通经史大义』。嘉靖二十三年（一五四四年），十七岁的戚继光袭承了登州卫指挥佥事的官职，担负起了防御倭寇的重任，倭寇的不断侵扰，也激起了这位青年将领歼敌卫国的忠心。

虽然明军在名将俞大猷的指挥下，打过一些胜仗，可是，朝廷听信当地奸商与贪官污吏的诬陷，先后处死两位抗倭有功的大臣朱纨与李天宠、张经，逮捕俞大猷。又昏庸地派严嵩党羽赵文华祭祀东海海神，祈求保佑驱逐倭寇。倭寇的气焰更加嚣张。朝廷不得已，在公

元一五五五年秋天，从山东沿海将抗倭将领戚继光调到江浙，任参将，镇守宁波、绍兴、台州，控制倭寇经常出没的军事要地。与戚继光并肩作战的著名的抗倭将领有谭纶和俞大猷。谭纶后来成为戚继光的顶头上司，对戚继光的军事活动给了很多支持。

一到浙江，戚继光就与俞大猷一起在龙山所围剿登陆的倭寇，三战三捷。但戚继光从实战中，发现原来的明军纪律不好，训练不精，士气不旺，素质不高。有次战斗结束时，一个士兵拎着颗人头来报功，另一个士兵却哭哭啼啼跟着来到，诉说：『这是我弟弟，受伤还未断气，就被他割了头……』又有个士兵拎着人头来请赏，一查，被杀的竟是个十几岁的无辜少年。两个杀人冒功的罪犯被处死了，可他们的行为震动了戚继光：这样的士兵怎么能打败倭寇？他决心练一支新的、纪律严明、训练有素的军队。经过多次请求，他终于获得上级批准，亲自到浙江义乌招募新兵。那些刁滑的、怕死的、染有流氓习气的人，他都不要，而精选了三千个壮实胆大、吃苦耐劳、动作灵便的农民与矿工，组成了一支全新的军队。经过短短几个月的训练，戚继光就将他们打造成了一支纪律严密、训练有素、武器精良、作战勇敢的队伍。这支军队所到之处，老百姓都拎着食物和水欢迎他们，称他们为『仁者之师』。戚继光带着这支战斗力很强的队伍，转战在浙江、福建的抗倭战场，取得许多辉煌战果。倭寇将戚继光称为『戚老虎』，民众将他们称为『戚家军』。

公元一五五九年，戚继光会合谭纶的军队，开到台州，清剿流窜台州的倭寇。他们一路打了许多硬仗，将倭寇驱逐到太平（今浙江温岭）的南湾。倭寇占据了海岸边的高山，负隅顽抗，箭和石头像雨点一样飞向明军。戚继光与他的弟弟戚继美在阵地前指挥。他俩拿起

弓箭，一人一箭，嗖地飞出，正好射中两个举旗呐喊的倭寇头目。其他倭寇吓得向后退缩，戚家军便一阵喊杀，冲上山顶。倭寇向海边退去。哪知后面是绝路，他们不是被杀死，就是掉进海里淹死。

浙江的倭寇被剿得所剩无几，戚继光又奉命带军队进入福建清剿。戚家军到福建后的第一战是横屿之战。横屿是宁德城东北海中的一座小岛，周围环水。水浅不能行大船，水退后又泥泞不便行走。岛上有倭寇老巢，一千多倭寇在这里盘踞了三年，当地官军从不敢去进攻。戚继光派人探明岛的地理位置和地形、水道、潮流的特点，制定了进攻方案。他让每个士兵各带一捆干草，来到横屿对岸，等天黑退潮，将干草抛到水中，铺出一条路。大军强行登岛，发起强攻，三百多倭寇被歼灭，二十九人被俘，淹死在海上的有六百多。戚家军大获全胜。

此后，戚继光又在牛田、林墩、平海卫、仙游、兴化等地打了许多胜仗。公元一五六六年，戚继光剿灭了占据广东福建交界处的南澳岛、与倭寇相勾结的海盗吴平。这时，骚乱东南沿海数十年的倭寇，总算被消灭光了。

戚继光领导东南沿海军民的抗倭斗争，历时十余年，前后数十战，『飙发电举，屡摧大寇』，建立了盖世奇功，在当时和后世受到了中国各族人民的尊敬。他在御倭战争中行之有效的一些军事策略和战法，已成为留给中国人民抗击外来侵略的宝贵财富。

郑成功（一六二四—一六六二年）是明朝海防将军郑芝龙的长子，原名郑森，明天启四年（一六二四年）生于日本平户。清顺治三年（一六四六年）八月，清军由浙入闽，郑芝龙降清，被清军挟至北京。此时的郑成功还是个二十二岁的青年将领。郑芝龙投降清朝的时候，郑成功苦苦劝阻他父亲。后来，他眼见父亲执迷不悟，气愤之下，就单独跑到南澳岛，召募了几千人马，以金门、厦门为基地坚决抗清，并控制着闽、浙、粤海域。清王朝知道郑成功是个能干的将材，几次三番派人诱降，都被郑成功拒绝。清将又派他弟弟带了郑芝龙的信劝他投降。郑成功坚决不动摇，写了一封回信，跟郑芝龙决绝。

郑成功兵力渐渐强大起来，在厦门建立了一支水师。他跟抗清将领张煌言联合起来，乘海船率领水军十七万人开进长江，分水陆两路进攻南京，一直打到南京城下。但是清军用假投降的手段欺骗他。郑成功中计，败退回厦门。此时，清军已经占领福建大部，他们用封锁的办法，要福建、广东沿海百姓后撤四十里，断绝对郑军的供应，想困死郑成功。郑成功在那里招兵筹饷，都遇到困难，决定向台湾发展。

台湾自古以来就是中国领土。明朝末年，荷兰人趁明王朝腐败、内忧外患频仍、无暇顾及海疆之际，霸占台湾海岸，修建城堡，向台湾人民勒索苛捐杂税。台湾人民不断反抗，遭到侵略军的镇压。郑成功少年时跟随父亲到过台湾，亲眼看到台湾人民遭受的苦难，早想收复台湾。这一回，他下决心赶走侵略军，命令将士修造船只，收集粮草，准备渡海。

恰好这时，有个在荷兰军队里当过翻译的何廷斌，赶到厦门见郑成功。他说，台湾人民受侵略军欺侮压迫，早想反抗。只要大军一到，一定能把敌人赶走。何廷斌送给郑成功一张台湾地图，上有荷兰侵略军的军事布置。

公元一六六一年三月，郑成功要他儿子郑经带领一部分军队留守厦门，自己亲率两万五千名将士，分乘几百艘战船，浩浩荡荡从金门出发。他们冒着风浪，越过台湾海峡，在澎湖休整几天，准备直取台湾。这时候，有些将士听说西洋人的大炮厉害，有点害怕。郑成功把自己乘坐的战船排在前面，鼓励将士说：『荷兰人的红毛火炮没什么可怕，你们只要跟着我的船前进就是。』

荷兰侵略军听说郑军要进攻台湾，十分惊慌。他们把军队集中在台湾（在今台湾东平地区）和赤嵌（在今台南地区）两座城堡，还在港口沉了好多破船，想阻挡郑成功的船队登岸。

郑成功叫何廷斌领航，利用海水涨潮的时机，驶进了鹿耳门，登上台湾岛。台湾人民听到郑军来到，成群结队推着小车，提水端茶，迎接亲人。躲在城堡里的荷兰侵略军头目气色败坏地派了一百多个兵士冲来，郑成功一声号令，把敌军紧紧围住，杀了一个敌将，敌兵也溃散了。

侵略军又调动一艘最大的军舰『赫克托』号，张牙舞爪地开了过来，阻止郑军的船只继续登岸。郑成功沉着镇定，指挥他的六十艘战船把赫克托号围住。郑军的战船小，行动灵活。郑成功号令一下，六十多只战船一齐发炮，把赫克托号打中起了火。大火熊熊燃烧，把海面照得通红。赫克托号渐渐沉没下去，还有三艘荷兰船一看形势不妙，吓得掉头就逃。荷

兰侵略军遭到惨败，龟缩在两座城里不敢应战。他们一面偷偷派人到巴达维亚（今爪哇）去搬救兵，一面派使者到郑军大营求和，说只要郑军肯退出台湾，他们宁愿献上十万两白银慰劳。

郑成功扬起眉毛，威严地说：『台湾本来是我国的领土，我们收回这地方，是理所当然的事，你们如果赖着不走，就把你们赶出去！』郑成功喝退荷兰使者，派兵猛攻赤嵌。赤嵌的敌军还想顽抗，一时攻不下来。有个当地人给郑军出个主意说，赤嵌城的水都是从城外高地流下来的，只要切断水源，敌人就不战自乱。郑成功照这个办法做了，不出三天，赤嵌的荷兰人果然乖乖地投降。

盘踞台湾城的侵略军企图顽抗，等待救兵。郑成功决定采取长期围困的办法逼他们投降。在围困八个月之后，郑成功下令向台湾城发起强攻。荷兰侵略军走投无路，只好扯起白旗投降。公元一六六二年初，侵略军头目被迫到郑成功大营，在投降书上签了字后，撤出了台湾，使被占领了三十八年之久的台湾终于回到了祖国的怀抱。

郑成功收复台湾后，将赤嵌城改为承天府，下管二县，北部为天兴县，南部为万年县，称台湾为『东都』。他废除荷兰殖民者的制度，进行各种改革，发展贸易，兴办学校，同时号台大陆人民移居台湾开荒种地，使台湾的经济、文化迅速发展，在台湾开发史上写下了重要的一章。收复台湾五个月后郑成功病逝，时年三十九岁。

此日漫挥天下泪　有公足壮海军威

邓世昌（一八四九—一八九四年），字正卿，广东省番禺县人。自小立志海军，以御强敌。十四岁时他考入福州船政学堂学习，成绩优秀。毕业后，他历任『海东云』『振威』『镇北』『扬威』等舰管带，一八七九年调北洋舰队，任『致远』舰管带。邓世昌『治事精勤，『西学湛深』，平素爱护士卒，生活简朴，因而深得部下爱戴，是当时中国海军中不可多得的将才。一八九四年，日军挑起了侵略朝鲜和中国的中日甲午战争。由于清政府妥协退让，清军在朝鲜牙山惨败。九月初，平壤吃紧，战火眼看就要烧到中国境内，在国内舆论的压力下，中堂李鸿章不得不增兵朝鲜。

一八九四年九月十七日，海军提督丁汝昌率北洋舰队完成护送援军任务准备返回旅顺时，在鸭绿江口的大东沟黄海海面上与日本舰队遭遇，双方展开激战。中国有十艘军舰，日本有十二艘军舰，双方旗鼓相当。战斗刚一打响，主帅丁汝昌身负重伤，帅旗被炮火击落，桅杆倒塌，舰队失去了统一指挥，旗舰上炮弹也马上用完。在这十分不利的危急时刻，北洋舰队的绝大多数官兵没有退缩，『致远』号管带邓世昌挺身而出，主动担负起指挥舰队作战的重任，并发誓要与日本舰队决一死战。随后，率舰队出海搜寻日本舰队，并告诫全舰官兵：『如果遭遇不测，誓与日舰同沉！』

开战之前，北洋海军采取夹缝雁行小队阵接敌，『致远』舰和『靖远』舰结成姊妹舰，在北洋舰队阵形的右翼投入战斗。战斗打响后不久，北洋舰队旗舰『定远』舰的信号索具即

被日舰炮火击毁，舰队随即失去统一指挥，各舰处于各自为战的状态。邓世昌率领『致远』舰独自鼓轮前进，直冲敌阵，给日舰以猛烈的炮击，日方『比睿』『赤城』两舰连遭重创，被迫撤出战斗。激战数小时后，日本舰队渐渐占据上风。北洋海军『超勇』舰被击沉，『扬威』『平远』『广丙』三舰中弹起火，撤离战场自救，其他主力各舰都中弹不计其数。『致远』舰由于经常保护旗舰，更是伤痕累累，但在邓世昌的指挥下力战不退。史籍中有这样的记载，『致远』舰在『阵云缭乱中，气象猛鸷，独冠全军』，显示出主力战舰的堂堂英姿。战至下午三时许，『定远』舰被日炮击中要害，舱面燃起大火，形势十分危急。邓世昌为保旗舰，再次将『致远』舰驶至『定远』之前，迎击敌舰。炮弹雨点般地落到了『致远』舰上以及周围，『致远』舰水线以下顿时被击开几个大洞，海水哗哗地灌入舱中。这时，舰上的一些官兵有些慌乱，邓世昌屹立于指挥台之上，大声告诫属下：『吾辈从公卫国，早置生死于度外。今日之事，有死而已！不必惊慌纷乱。我等虽死，而因此扬我海军声威，这就是报国！』官兵们顿时稳住了心神，全力扑火堵漏。

由于『致远』舰受伤过重，弹洞难以堵住，舰体时刻有沉没的危险。此时，日本舰队的『吉野』巡洋舰从『致远』舰前掠过，邓世昌随即产生一个念头：『吉野』舰是日本联合舰队第一游击队的旗舰，航速高达二十二节，是北洋舰队最大的威胁，如果将其撞沉，势必改变战场态势。于是他对大副陈金揆说：『倭舰专恃吉野，苟沉是舰，则我军可以集事。』陈金揆表示赞同。邓世昌立即开足马力，一边炮击，一边直冲『吉野』而去。日舰顿时出现慌乱，几艘舰同时向『致远』舰射来。『致远』舰在密集的炮火轰击下，自身携带的鱼

雷被引爆，顿时发出一声沉闷的巨响，几分钟后便完全沉没了。

邓世昌落水后，他的仆从刘忠抛救生圈给他，被他推到一边；左一号鱼雷艇赶来相救，他拒不上艇；他养的爱犬太阳犬游到他的身边，先是咬住他的手臂不使他下沉，他将犬奋力推开，犬又衔住他的发辫，使他的头露出水面。邓世昌抱定与战舰共存亡的决心，毅然抱住爱犬，一同沉入滚滚波涛之中。『致远』舰上的其他两百余名官兵，除七名水兵获救外，其余壮烈殉国。

邓世昌壮烈牺牲后，李鸿章专门把邓世昌的事迹上报光绪帝，请示给予特殊奖励。光绪帝接到奏折后，也被邓世昌的事迹打动，立即下令将邓世昌按提督例从优议恤，追赠太子少保，赐予『壮节』谥号。同时还破例赐予邓世昌一副挽联：『此日漫挥天下泪，有公足壮海军威』，并赋诗一首：『城上神威炮万斤，枉赍巨寇挫我军。后来天道终许汝，致远深沉第一勋。』给予邓世昌以高度评价。

章节·叁

古今镜鉴

『鉴往知来』，是中国人民获得智慧的源泉，也是中华民族在漫漫历史长路中的指明灯。中华文明史，浩瀚五千年，对今人来说，既是最悠久的文化传承，也是最丰富的思想宝库。一个个丰富生动的民族精英，一次次惊心动魄的刀光剑影，一段段亦幻亦真的民间传说，一本本精致唯美的人物独白，在纵横古今、色彩斑斓的人物画廊中，那些展示民族智慧和个人才华的贤人智者的经典故事就像一个个美妙的音符，各有让观众欣赏的动听之处。如果把它们编排成曲，则立刻又会成为一首首让观众如痴如醉的华美乐章。

由『负荆请罪』而来的『将相和』的故事早已在历朝历代的记载传说中为广大老百姓所耳熟能详，故事的主人公蔺相如和廉颇是赵国有名的文臣武将，他们由误会到成为好朋友，共同为赵国的强盛竭心献智；『运砖翁』陶侃虽官居高位，手握地方军政大权，但仍能勤勉不懈，节俭省费，其励志勤力、办事综理细密的事迹颇为当时及后人称道；宋代的包拯是为官清廉正直的最好的榜样之一，他不惧权威、执法严明、敢于斗争的故事，更为中国老百姓所耳熟能详；土尔扈特部首领渥巴锡率领部族冲破沙俄的种种阻击，最终回归到祖国怀抱的英勇爱国事迹，早已成为中国自古以来多民族团结的象征而在神州大地上生生不息地流传；冯如为了中华的崛起而奋斗，他把短暂的也是毕生的精力都献给了祖国的航空事业。

因其蕴含的仁义礼智信、温良恭俭让、忠孝廉勇耻等中华民族的美好品德而流传于中国古代的民间故事亦是多不胜数，它们不仅是中国民众思想孕育的土壤，更展现了文明古国的智慧。

越王勾践在被吴王夫差打败后，并没有一蹶不振，吴王的每一次羞辱，反而激发了他的斗志，他『卧薪尝胆』，『出不敢奢，入不敢侈』，『食不重味，衣不重彩』，日勤于政，『未尝一日登玩』，最终一雪此前的耻辱；

西汉缇萦为使父亲含冤得直，免受肉刑，亲自上书当时的皇帝汉文帝请求原谅，言辞之恳切使汉文帝非常感动，于是他在这年就废除了摧残人身体的『肉刑法』；

北宋杨业一家忠烈，为了抗击辽朝的入侵，全部牺牲在战场上，他们的事迹经过民间的流传而早已成为中国家喻户晓的故事；

明朝『父母官』海瑞，一生刚直不阿，执法如山。他体察民情，革除弊政，积极反对贪污和奢侈；禁馈赠，惩贪官，秉公执法，铁面无私，审理积抑，昭雪了许多冤狱；

……

中国历史上的这些丰富多彩的故事，使书林又多了一道文思并茂、情理并重的独特风景，亦使如今坐拥这些精神财富的中国人民已开始重新认识进而珍视其不朽的价值，每在现实中遇到复杂难解的问题，往往从历史经验中寻求先例或佐证，以史为鉴也成为智者行止的标杆和思想的捷径。

廉颇（生卒年不详）是战国时期赵国的一名杰出的将军。赵惠文王十六年，廉颇作为赵国的将领，率兵打败齐军，攻占了阳晋，于是被封为上卿，凭借其勇猛善战在各诸侯国闻名。

蔺相如（前三二九—前二五九年）是赵国宦官头目缪贤的门客。

赵惠文王时，赵国得到楚国的和氏璧。秦昭王知道后，派人给赵王送信，表示愿意用十五座城邑交换和氏璧。赵王与大将军廉颇以及各位大臣商议：如果把和氏璧给秦国，秦国的城邑恐怕得不到，只能是白白受骗；如果不给秦国和氏璧，则担心秦国出兵攻打赵国。正在赵王拿不定主意，想寻求一个可派去回复秦国的人时，宦官头目缪贤说：「我的门客蔺相如可以出使。」于是赵王召见蔺相如，问他：「秦王打算用十五座城换我的和氏璧，能不能给他？」相如说：「秦国强，赵国弱，不能不答应。」赵王说：「得了我的璧，不给我城邑，怎么办？」相如说：「秦王请求用城换璧，如果赵国不答应，赵国理亏；如果赵国给了璧，而秦国不给赵国城邑的话，那就是秦国理亏。比较这两个计策，宁可答应给秦国璧，使他承担理亏的责任。」赵王问：「可以派谁去呢？」相如说：「如果大王实在无人可派，臣愿捧护和氏璧出使秦国。城邑归属赵国了，就把璧留给秦国；城邑不给赵国，请让我把璧完好无缺地带回赵国。」赵王于是派蔺相如带和氏璧向西进入秦国。在秦国，蔺相如竭尽自己所能地与秦王据理力争，最终使和氏璧归回赵国。所以当蔺相如回国之后，赵王认为他是个贤能的人，出使到诸侯国家能不受欺辱，任命他做上大夫。

秦昭襄王一心要使赵国屈服，接连侵入赵国边境。公元前二七九年，他又设计请赵惠文王到秦地渑池会见。赵惠文王怕被秦国扣留，不敢去。大将廉颇和蔺相如都认为如果不去，反倒向秦国示弱。赵惠文王决定去冒险。他叫蔺相如随同，让廉颇辅助太子留守，为了防备意外。赵惠文王又派大将李牧带兵五千人护送，相国平原君带兵几万人在边境接应。

到了会见日，秦王和赵王在渑池相会，并举行宴会。秦昭襄王带着醉意对赵惠文王说：「听说赵王弹得一手好瑟。请赵王弹曲给大伙儿助兴。」说罢，真的吩咐左右把瑟拿上来。赵惠文王不好推辞，只好勉强弹了一曲。秦国史官当场就把这事记下来以示羞辱，并且念着说：「某年某月某日，秦王和赵王在渑池相会，秦王令赵王弹瑟。」赵惠文王很生气。这时，蔺相如拿了一个缶，跪到秦昭襄王跟前，说：「赵王听说秦王擅长秦国乐器。我这里有个瓦盆，请大王敲几下助兴吧。」秦昭襄王勃然变色。蔺相如愤怒地说：「秦国兵力强大，大王未免太欺负人。所以今天在这五步之内，我可以把我的血溅到大王身上！」秦昭襄王见蔺相如这股势头，只好拿起缶棒在缶上胡乱敲几下。蔺相如回过头来叫赵国的史官也把这件事记下：「某年某月某日，赵王和秦王在渑池相会，秦王给赵王击缶。」秦国大臣见蔺相如竟这样伤秦王的体面，很不服气。有人站起来说：「请赵王割让十五座城给秦王上寿。」蔺相如也站起来说：「请秦王把咸阳城割让给赵国，为赵王上寿。」秦昭襄王眼看局面紧张。他事先已探知赵国派大军驻扎在临近地方，真的动起武来，恐怕也得不到便宜，就喝住秦国大臣，说：「今天是两国君王欢会的日子，诸位不必多说。」这样，渑池之会圆满而散。

蔺相如两次出使，保全赵国不受屈辱，立了大功。赵惠文王十分信任，拜他为上卿，地位在廉颇之上。廉颇不服，私下对门客说：『我是赵国大将，立了多少汗马功劳。蔺相如有什么了不起？我见到蔺相如，要给他个颜色看看。』这句话传到蔺相如耳朵里，蔺相如就装病不去上朝。有一天，蔺相如带着门客坐车出门，正是冤家路窄，廉颇的车马迎面而来。他叫赶车人退到小巷里躲避，让廉颇的车马先过。蔺相如说：『你们看廉将军跟秦王比，哪一个势力大？』他们说：『当然是秦王势力大。』蔺相如说：『对呀！天下诸侯都怕秦王。为了保卫赵国，我敢当面责备他。怎么我见了廉将军倒反怕了呢？因为我想过，强大的秦国不敢来侵犯赵国，就因为有我和廉将军两人在。要是我们两人不和，秦国知道了，就会趁机来侵犯赵国。就为这个，我宁愿容让。』

有人把这件事传给廉颇听，廉颇感到十分惭愧。他就裸着上身，背着荆条，跑到蔺相如的家里去请罪。他见了蔺相如说：『我是个粗鲁人，见识少，气量窄。哪儿知道您竟这么容让我，我实在没脸来见您。请您责打我吧。』蔺相如连忙扶起廉颇，说：『咱们两个人都是赵国的大臣。将军能体谅我，我已经万分感激了，怎么还来给我赔礼呢。』两人终于和好，成为生死与共的朋友，共同为赵国繁荣强盛竭力献智。

五陵松柏无遗种　谩为桓温拾竹头

陶侃（二五九—三三四年），字士行，本为东晋鄱阳人，后徙庐江寻阳。他精勤吏职，不喜酒、赌博，为人称道。

陶侃少年时因父早亡，家境竟至『酷贫』，与母亲湛氏相依为命。湛氏是位很坚强的女性。她立志要使儿子出人头地。在这种环境下，陶侃『少长勤整，自强不息』。湛氏对陶侃管教很严，并通过自己纺织资助儿子去结交朋友。后来，陶侃在县功曹周访的荐引下当上县主簿，才开始摆脱充当贱役的地位。一次，鄱阳郡孝廉范逵途经陶侃家。时值冰雪积日，仓促间陶侃无以待客。湛氏截发换得酒肴，陶侃『斫诸屋柱』为薪柴，终于备得一桌『精食』。次日，范逵上路，陶侃又追送百余里。范逵遂向庐江太守张夔称赞陶侃的品性，张夔遂将陶侃纳为掌管文书的佐吏。陶侃也倾心报答张夔的知遇之恩。

祖逖死后，东晋王朝接连发生几次内乱。晋元帝想抵制王氏势力，王敦起兵攻进建康，杀了一批反对他的大臣。元帝的儿子晋明帝即位后，王敦又一次攻打建康失败，自己病死了。到了晋成帝（明帝的儿子）的时候，历阳（今安徽和县）镇将苏峻起兵叛变，攻进了建康。东晋的一些大臣束手无策，后来依靠荆州刺史陶侃出兵，花了两年时间，才平定了苏峻的叛乱。

陶侃在王敦得势的时候，本来是王敦的部下。陶侃立了战功，做了荆州刺史，有人妒忌他，在王敦面前说他坏话。王敦把他调到广州。广州是偏僻地区，调到广州实际上是降了他的职。陶侃到广州，并没有灰心丧气。他每天早晨把一百块砖头从书房里搬到房外；到了晚上，又把砖头一叠叠运到屋里。人们看到他每天这样做，感到很奇怪，忍不住问他为什么这样做。陶侃严肃地说：『我虽然身在南方，但心里想的是收复中原。如果闲散惯了，将来国家需要我的时候，还怎么能担当重任呢？所以，我每天借这个练练筋骨。』

王敦失败后，东晋王朝才把陶侃提升为征西大将军兼荆州刺史。荆州的百姓听到陶侃回来，都高兴地庆贺。官虽然做得大了，可陶侃还是十分小心谨慎。荆州衙门里大大小小的事情，他都要亲自认真检查，从不放松。他常常对他的部下说：『大禹是圣人，还爱惜一寸光阴，像我们这种普通人，论智慧和能力，都跟大禹差得很远，更应该爱惜每一分光阴，怎能贪图安逸。如果活着对国家没有贡献，死了没有留下什么好名誉，那不是自暴自弃吗？』

他部下有些官吏，喜欢吃酒赌博，往往因此耽误公事。陶侃知道了非常生气。他吩咐人把酒器和赌具都收起来，一古脑儿扔到江里去；还把那些官吏鞭打一顿。以后，大家都吓得不敢再赌博喝酒。

有一次，陶侃到郊外去视察，看见一个过路人一面走一面随手摘了一把没有成熟的稻穗，拿在手里玩弄。陶侃叫住他问：『你拔了这棵稻子，干什么用？』那个过路人只好实说：『没有什么，顺手拔一点玩玩罢了。』陶侃听了，勃然大怒说：『你自己不耕种，还无缘无故毁坏人家的庄稼，真是岂有此理！』说罢，就命令他的兵士把那人捆绑起来，狠狠地鞭打。人们听到刺史这样保护庄稼，种田就更勤快，荆州地方渐渐富裕起来。

荆州地处长江边上，官府造船，常常留下许多木屑和竹头。要是在别人手里，不是打扫掉，

就是烧了。但是陶侃却吩咐人把它收拾起来，收藏在仓库里。人们见了，不懂他为什么要这样做，也没人敢问。后来，有一次新春过节，荆州的官员都到官府来拜见陶侃。恰好前几天下了几场大雪，天气放晴积雪融化后，大厅前面又湿又滑，不好走路。陶侃就吩咐管事的官吏，把仓库里的木屑拿出来铺地，这样，走路的时候就再不怕滑倒了。又有一次，东晋水军造一批战船需要竹钉。陶侃又叫人把收藏起来的竹头拿出来给兵士去做造船用的竹钉。到这时候，大家才知道陶侃收集木屑和竹头的用处，佩服他考虑得周到。

陶侃前前后后带兵四十一年，由于他执法严明，办事认真，谁都佩服他。据说，在他管辖的地方，社会秩序安定，真地现实了『路不拾遗』！

包拯（九九九－一零六二年），字希仁，庐州合肥（今安徽合肥市）人，父亲包仪，曾任朝散大夫，死后追赠刑部侍郎。包公少年时便以孝而闻名，性直敦厚。他在宋仁宗天圣五年即一零二七年中了进士，当时二十八岁。包拯先任大理寺评事，后来出任建昌（今江西永修）知县，因为父母年老不愿随他到他乡去，包公便马上辞去了官职，回家照顾父母。他的孝心受到了官吏们的交口称颂。几年后，父母相继辞世，包公这才重新踏入仕途。这也是他在乡亲们的苦苦劝说下才去的。

包拯在做天长县（今安徽天长）的县令时，县里发生一个案件，有个农民夜里把耕牛拴在牛棚里，早上起来，发现牛躺倒在地上，嘴里淌着血，掰开牛嘴一看，原来牛的舌头被人割掉了。这个农民又气又心痛，就赶到县衙门告状，要求包拯为他查究割牛舌的人。这个无头案该往哪里去查呢？包拯想了一下，就跟告状的农民说：『你先别声张，回去把你家的牛宰了再说。』农民本来舍不得宰耕牛，按当时的法律，耕牛是不能私自屠宰的。但是这样一来，割掉了舌头的牛也活不了多少天；二呢，县官叫他宰牛，也用不到怕犯法。那农民回家后，果真把耕牛杀掉了。第二天，天长县衙门里就有人来告发那农民私宰耕牛。包拯问明情况，立刻沉下脸，吆喝一声说：『好大胆的家伙，你把人家的牛割了舌头，反倒来告人私宰耕牛？』那个家伙一听就呆了，伏在地上直磕头，老老实实供认是他干的。原来，割牛舌的人跟那个农民有冤仇，所以先割了牛舌，又去告发牛主人宰牛。那以后，包拯审案的名声就传开了。

包拯做了几任地方官，每到一个地方，都取消一些苛捐杂税，清理一些冤案。后来，他被调到京城做谏官，也提出不少好的建议。范仲淹的新政失败以后，北宋的朝政越来越腐败，特别是在京城开封府，权贵大臣贪污受贿的风气十分严重，一些皇亲国戚更是肆无忌惮，不把国法放在眼里。宋仁宗正想整顿开封的秩序，才把包拯调任开封府知府。包拯上任以后，决心整治腐败。

按照宋朝的规矩，谁要到衙门告状，先得托人写状子，还得通过衙门小吏传递给知府。一些讼师恶棍，趁机敲榨勒索。包拯破了这条规矩，老百姓要诉冤告状，可以到府衙门前击鼓。鼓声一响，府衙门就打开正门，让百姓直接上堂控告。这样一来，衙门的小吏要想做手脚也不敢了。

有一年，开封发大水，那里一条惠民河河道阻塞，水排泄不出去。包拯一调查，河道阻塞的原因是有些宦官、权贵侵占了河道，在河道上修筑花园、亭台。包拯立刻下命令，要这些园主把河道上的建筑全部拆掉。有个权贵不肯拆除。开封府派人去催促，那人还强词夺理，拿出一张地契，硬说那块地是他的产业。包拯详细检查，发现地契是那权贵伪造的。包拯十分生气，勒令那人拆掉花园，还写了一份奏章向宋仁宗揭发。那人一看事情闹大，要是仁宗真的追究起来，也没有他的好处，只好乖乖地把花园拆了。

一些权贵听到包拯执法严明，都吓得不敢为非作歹。有权贵想打通关节，打算送点什么礼物给包拯，旁人提醒他，别白操心了，包拯的廉洁奉公是出了名的。此人原来在端州（今

广东肇庆）做过官。端州出产的砚台，是当地的特产。皇宫规定，端州官员每年要进贡一批端砚到内廷。在端州做官的人往往借进贡的机会，向百姓大肆搜刮，私下贪污一些，去讨好那些权贵大臣。搜刮去的端砚比进贡的要多出几十倍。后来，包拯到了端州，向民间征收端砚，除了进贡朝廷的以外，连一块都不增加。直到他离开端州，从没有私自要过一块端砚。那权贵听了，知道没有空子好钻，也只好罢休。后来开封府的男女老少，没有人不知道包拯是个大清官。民间流传着两句歌谣：『关节不到，有阎罗、包老。』

包拯对亲戚朋友也十分严格。有的亲戚想利用他做靠山，他一点也不照顾。日子一久，亲戚朋友知道他的脾气，也不敢再为私人的事情去找他。包公对子女管教严格。他的长子官居通州（州府官员之一种），政声亦好，英年早逝；幼子在包公去世时年仅五岁，包公留下的家训是：『后世子孙仕宦，有犯赃者，不得放归本家，死不得葬大茔中。』意思是说，后世包家子孙在外做官，如果有违反家法规定而受贿、贪污者，生不得让他回到包氏宗族来，死不得葬在包氏祖坟中。据说包氏子孙都能严守祖训，无一贪官。

宋仁宗很器重包拯，提升他为枢密副使。他做了大官，家里的生活照样十分朴素，跟普通百姓一样。由于包拯一生做官清廉，不但生前得到人们的赞扬，在他死后，人们也把他当作清官的典型，尊称他『包公』，或者叫他『包待制』『包龙图』（包拯得过天章阁待制、龙图阁学士的官衔）。民间流传着许多包公铁面无私、打击权贵的故事，还编成包公办案的戏曲和小说。虽然其中大都是虚构的传说，但是也反映了人们对清官的敬慕心情。

土尔扈特部回归祖国是中国历史上民族团结的壮丽篇章，是清代康乾盛世的盛事。

清乾隆二十三年（一七五八年），清政府平叛阿睦尔撒纳后，大量厄鲁特牧民为躲避战乱外迁，礼亲王昭梿在《啸亭杂录》中说，『逃入俄罗斯、哈萨克者十之三』，数量是相当大的。逃入哈萨克的蒙古牧民随着伊犁形势的稳定有不少返回者，逃入俄罗斯的厄鲁特牧民同土尔扈特本为一部，纷纷往投，这些外逃牧民后来被称为新土尔扈特。但土尔扈特部居住的伏尔加河下游并不是人间乐土。至十八世纪初，沙俄政府逐渐控制土尔扈特部，在与邻国瑞典、土耳其的战争中，向土尔扈特部无休止地征兵，成千上万的土尔扈特牧民死于战场，这引起整个部落对沙俄政府的强烈不满。当土尔扈特部得渥巴锡汗从新到来的厄鲁特牧民中得知欺压各部的准噶尔贵族已被清政府消灭，清朝治理下的新疆地区和平安宁时，遂萌发了回归祖国的决心，而新到来的厄鲁特牧民，看到在沙皇残酷压榨下的土尔扈特部的近况，更加强烈地思念祖国，多次劝说渥巴锡汗重返伊犁，『劝还故土』，而以台吉、舍楞为最。舍楞曾杀死清副都统唐喀禄，但不甘心久滞他乡。渥巴锡集所属喇嘛、台吉、宰桑等头目反复商量，『吾侪本蒙古裔，今俄罗斯种类不同，嗜好殊异，又复苦调丁赋，席不暇暖，今闻大皇帝普兴黄教，奚不弃此就彼，亦良禽择木智也』，于是决定乘伏尔加河冬季结冰之机，带领居住在南北两岸的土尔扈特牧民一起出发。但是这一年冬季气候异常温暖，伏尔加河久不结冰。

国学撷要

清乾隆三十五年（一七七零年）十月，土尔扈特部首领渥巴锡汗召集了大小宰桑进行动员，讲了『东归祖国才能摆脱俄国高压控制，而且离西藏较近，利于熬茶礼佛等种种有利的条件』。众宰桑纷纷为东归献计献策，并分头召集人民传达汗王渥巴锡的东归计划。一七七一年一月十五日，渥巴锡又在雷恩沙漠附近别尔图地区集结了汗国的军民，向他们宣布东返起义的决定：『俄国女皇已命令，把我汗王的儿子和各部落头领的儿子们送到彼得堡，而且要从土尔扈特部落选出一万名子弟，派往俄国军队中去，仅仅一年，我们汗国已派出过八万名子弟为俄国作炮灰。为了摆脱俄国的压迫，别无他法，只有回归祖国，就可以『生活在古老的国教、国语的中国同胞那里，和决定今世来世幸福的崇拜之地，盛满宗教佛法神水的汪洋大海的中国，以及赐大福于万民的活佛身边』。』土尔扈特人民对俄国政府的压迫早已忍无可忍。渥巴锡的动员和号召，坚定了他们东归的决心，汗国首领的决策成就了他们的行动，他们高呼：『我们的子孙永远不当奴隶，让我们到太阳升起的祖国去。』

渥巴锡汗毅然率南岸土尔扈特牧民计三万三千余户，十六万九千多人，踏上了回归祖国的路程。土尔扈特部回归祖国之行，充满了艰苦卓绝的斗争，为了防止沙俄当局的阻挠，渥巴锡汗命令土尔扈特牧民轻装简从，抛掉所有生活用具，所以他们仅用八天时间就通过了伏尔加河和乌拉尔之间的草原，迅速地进入了大雪覆盖的哈萨克草原。他们动身之后，沙俄当局得知土尔扈特部东归的消息，立即派出大批哥萨克士兵紧急追击。土尔扈特广大牧民在渥巴锡汗的指挥下，英勇地击退了追兵。于当月越过俄罗斯之坑格图喇纳卡伦向南，

进入当时已服清朝的哈萨克地区，向巴尔喀什淖尔前进。土尔扈特部行至克齐克玉子地方，又遭到哈萨克台吉额勒里纳拉里所部堵截，抢劫了土尔扈特牧民们携带的大批牲畜。渥巴锡汗被迫率部众向沙喇伯勒前进，布鲁特人则趁火打劫这支人困马疲的队伍，迫使渥巴锡汗率众走入沙喇伯勒北部大戈壁。数千里戈壁，漫漫黄沙，水草皆无，土尔扈特部众肃饮牛马之血而行，又发生瘟疫，人畜死亡过半。

清乾隆三十六年（一七七一年）六月，经过八个多月的漫长归程，土尔扈特部终于来到伊犁边外的清军卡伦处。乾隆非常重视和欢迎土尔扈特部的回归伊犁。他感到对土尔扈特部万里来归，不能仅停留在口头上给予欢迎，而且还应当切实解决他们面临的生活困难。他说：『夫以远人向化，携孥挈属而来，其意甚诚，而其阽危求息，状亦甚惫。即抚而纳之，苟弗为之赡其生，犹弗纳也。赡之而弗为之计长久，犹弗赡也。』乾隆说自己为此寝食不安，昼思夜想，了解困难详情，商讨赈济之方，『无暇无辍』，终于想出比较周密的解决办法。在乾隆的亲自布置下，清政府从陕西藩库贮藏银中调用两百万两运往甘肃购买物资。

清乾隆三十六年（一七七一年）九月，渥巴锡率大小头目来到避暑山庄觐见乾隆。乾隆好言抚慰，赏赐异常丰厚。

才华自荐轩辕祖 但愿神鹰救国危

冯如，字鼎三，号树垣，一八八三年一月十二日出生于广东恩平县杏圃村一庄户人家，他自小聪明伶俐，热爱手工，经常用泥土木棍制作一些风筝、车船等小模型。因家庭贫困，四个哥哥相继病逝，冯如也很早辍学，在家帮助父亲务农。

冯如十二岁时，随在美国做小生意的舅舅来到三藩市（今旧金山）。目睹了美国先进工艺后的冯如认为，国家富强必须依靠工艺的发达，改变中国贫穷落后面貌非学习机械、发展工艺不可。十八岁时他便转往纽约攻读机器制造专业，课余时间打工赚钱。他学习刻苦，成绩出众，学校免去了他的学费。五年后他成为一位小有名气的机械制造家。

正当冯如潜心研制机器的时候，美国莱特兄弟制成世界上第一架载人动力飞机，于一九零三年十二月十七日在美国北卡罗莱纳州的基蒂霍克沙坑试飞成功，轰动全球。冯如由此产生了效法莱特兄弟试制飞机的念头。一九零四年至一九零五年，发生了日俄战争。日本和沙皇俄国为了争夺中国东三省的权益，在中国领土上疯狂厮杀。时年仅二十二岁，在机器设计、制造上已经取得高深造诣的冯如，眼看祖国主权被践踏，骨肉同胞遭蹂躏，痛切地感到：『是（指制造机器）岂足以救国者，吾闻军用利器，莫飞机若，誓必身为之倡，成一绝艺以归飨祖国，苟无成，毋宁死。』从此，冯如立下了『航空救国』的思想。他得到当地华侨的赞助，一九零七年在三藩以东的奥克兰建立了工厂，一九零九年造出了第一架飞机『冯如一号』，冯如亲自驾机试飞，升空不久便坠地，冯如所幸无事，但后来的一场火灾却烧毁了他的工厂和资料，一切都须从头再来。

一九一一年一月十八日，冯如驾驶『冯如二号』公开试飞。飞机升至约十二米高，环绕广场飞行约一千六百米后，飞向三藩海湾，四分钟后徐徐降落在起飞的广场上。这次飞行距离达八百米，比莱特兄弟的首飞纪录远了五百四十五米，是一次完全成功的飞行，性能达到了当时世界的先进水平。当地一家报纸报道了这次试飞，标题是《中国人的航空技术超过西方》。

一九一一年二月，冯如谢绝了美国多方聘任，带着助手、资料及两架造好的飞机回到中国。辛亥革命后，被广东革命军政府委任为飞行队队长的他，随即在广州燕塘建立了广东飞行器公司，亲任总机器师。这是中国国内第一个飞机制造厂。一九一二年三月，一架与『冯如二号』相似的飞机制造成功，这是中国国内制造的第一架飞机，也从此揭开了中国航空工业史的第一页。冯如成为中国近代航空事业的开拓者和创始人。

冯如为普及航空知识，唤起国人支持祖国的航空事业，先于一九一二年四月在广东侨乡台山县城表演飞行，并根据飞行情况，将飞机作了一些小修改。同年八月二十五日他又一次在广州燕塘表演飞行。这一天，天气晴朗，闻讯前来参观的人很多。起飞前，冯如先向观众讲述飞机如何制造，如何驾驶，如何利用等内容，听者无不鼓掌称善。随后，冯如驾驶飞机凌空而上，高约三十七米，东南行约八千零四十七米。当时飞机操纵自如，观众鼓掌之声不绝于耳。冯如意欲使飞机飞得更高，将两手所持之机关一抽，不意用力过猛，该机直上云天，头高尾低，冯如两足浮松，全身下坠，飞机亦即坠落。冯如头、胸、股各部均

受重伤。当时虽有红十字会医生及军医急救，但药料太少，难以支持，在场医士随即将他抬到北校场陆军医院。是日适逢星期天，医生外出，候至五点钟，各医生才回医院，经抢救无效。冯如临死前仍心系祖国航空事业，吃力地把失事原因简单地告知他的助手，弥留之际嘱咐同志：『吾死后，尔等勿因是失其进取之心。』时年仅二十九岁的冯如，为发展中国的航空事业献出了宝贵的生命。他用短暂的一生，在中国航空史上和华侨爱国革命的史册上写下了光辉的一页。

冯如为发展祖国航空事业奋斗终生，最后献出了宝贵的生命，有力地推动和鼓舞了华侨和国内各界人士对祖国航空事业的关心与支持。仅一九一三年至一九一五年的三年间，旅美华侨飞行家陈桂攀、谭根、谭明、林福元等，陆续从美国携带飞机回国，为发展中国航空事业致力。冯如的事迹还被孙中山于一九二四年创立的广东革命军事飞机学校用作教育学生爱国主义的教材。

为了表彰和悼念冯如，中华民国临时大总统孙中山于一九一二年十一月十六日下令褒扬冯如始创中国飞行的伟大贡献，将其事迹宣付国史馆，并拨一千元抚恤其家属。广东陆军、广州教育界、学生等也纷纷开会追悼冯如。冯如后人及其飞机助手等遵照他的遗嘱，将其遗体葬于黄花岗。墓上建一花岗石的方形碑塔，将冯如事迹及中华民国临时大总统的褒扬、抚恤令镌刻在碑塔上，以垂青史。一九三三年，冯如墓迁葬广州云鹤岭空军坟场。一九六六年文革期间，冯如墓被毁，遗骨被辗转迁往广州东郊三宝墟附近荒山。一九八零年，广州市人民政府在黄花岗重建冯如墓，将冯如遗骨迁回安葬，并公布为广州市重点文物保护单位。